परोपकारी बिजनेसमैन

अजीम प्रेमजी

AF668257

लेखक की अन्य पुस्तक

परोपकारी बिजनेसमैन

अजीम प्रेमजी

एन. चोक्कन

प्रभात
पेपरबैक्स
www.prabhatbooks.com

प्रकाशक

प्रभात पेपरबैक्स

4/19 आसफ अली रोड, नई दिल्ली–110002

फोन : 23289555 • 23289666 • 23289777 ❖ फैक्स : 23253233

इ–मेल : prabhatbooks@gmail.com ❖ वेब ठिकाना : www.prabhatbooks.com

संस्करण

2017

सर्वाधिकार

सुरक्षित

मूल्य

एक सौ पच्चीस रुपए

अ.मा.पु.स. 978-93-5048-158-5

मुद्रक

नरुला प्रिंटर्स, दिल्ली

★

PAROPKARI BUSINESSMAN AZIM PREMJI
by N. Chokhan

Published by **PRABHAT PAPERBACKS**
4/19 Asaf Ali Road, New Delhi-110002
by arrangement with New Horizon Media Pvt.Ltd

ISBN 978-93-5048-158-5

₹ 125.00

अनुक्रमणिका

शुरुआत एक अनंत यात्रा की

11 अगस्त, 1966।

यह अल्प किशोर व्यक्ति अजीम गंभीरता से किसी परीक्षा की तैयारी कर रहा था। प्रत्येक सत्र की परीक्षा से पहले अनेक पूर्व परीक्षाएँ आयोजित की जाती थीं। स्टैनफोर्ड विश्वविद्यालय में परीक्षाओं की कोई कमी नहीं थी। ग्रीष्मकालीन परीक्षाएँ, शीतकालीन परीक्षाएँ, तिमाही परीक्षाएँ, अर्द्ध-वार्षिक परीक्षाएँ···और इसके पश्चात् सत्र परीक्षाएँ विद्यार्थियों के लिए वास्तव में वाटरलू के संग्राम से कम नहीं थीं।

विद्यार्थियों को थोड़ा भी सोचने का समय नहीं मिल पाता है। यह एक ऐसी संस्था है, जो अपने विद्यार्थियों की प्रत्येक गतिविधि पर नजर रखती है। विश्व भर से आए विद्यार्थी शिखर का स्थान ग्रहण करने के लिए स्पर्धा में लगे रहते हैं। इसीलिए प्रत्येक परीक्षा उतनी ही कठिन और महत्त्वपूर्ण होती है।

अजीम को अपनी दक्षता और प्रतिभा के बारे में पूर्ण जानकारी थी। उसने अपने सहपाठियों को अत्यंत मेधावी से लेकर बैक बेंचर और शरारती तक पाँच स्तरों में बाँटा हुआ था।

इन पाँचों स्तरों में से प्रेमजी ने हमेशा सर्वोत्तम स्तर पर आने का लक्ष्य बना रखा था। हालाँकि वे उच्च स्थान प्राप्त करने में सक्षम नहीं रहे, फिर भी उन्होंने हमेशा यह ध्यान रखा कि वे औसत श्रेणी प्राप्त न करें।

पाठ्यचर्या में न केवल इंजीनियरिंग वर्ग के विषय थे, बल्कि विद्यार्थियों को जीवन-कौशलों के बारे में भी पढ़ाया जाता था और अन्य विभिन्न संस्कृतियों से भी अवगत कराया जाता था। इससे अजीम काफी प्रभावित हुए और उसमें उन्होंने तात्कालिक रुचि ली। बच्चों को किताबी कीड़ा बनाने की अपेक्षा स्टैनफोर्ड विश्वविद्यालय ने उन्हें खेलों, अध्ययन एवं अनुसंधान में भाग लेने और व्यापार, उद्यमिता एवं इस प्रकार की अन्य अनेक गतिविधियों में ज्ञान अर्जन करने को अधिक बढ़ावा दिया।

यही कारण है कि आमतौर पर सफल पाए गए और सफल हो रहे कारोबारियों में स्टैनफोर्ड विश्वविद्यालय के उत्पाद मिलते हैं। केवल अमेरिका में ही नहीं अपितु विश्व में कहीं भी अत्यधिक महत्त्वपूर्ण एवं सफल उद्यमियों की सूची में अवश्य ही उन विद्यार्थियों के नाम शामिल रहते हैं, जो स्टैनफोर्ड विश्वविद्यालय से पास किए होते हैं।

अजीम प्रेमजी के खून में ही कारोबार के लिए प्राकृतिक तौर पर रुचि एवं विदग्धता विद्यमान थी; परंतु उन्होंने अपने विद्यार्थी जीवन में इसके बारे में कभी भी नहीं सोचा। उनका एकमात्र लक्ष्य अध्ययन पर ध्यान केंद्रित करना और उच्च स्थान से उत्तीर्ण होना था। उनकी एकमात्र रुचि यही थी।

वे अपनी उस परीक्षा की प्रतीक्षा कर रहे थे, जो अगले कुछ महीनों में होने वाली थी। इस परीक्षा को पास करते ही उन्हें निश्चित तौर से किसी अच्छी कंपनी में काफी अच्छी नौकरी मिलना तय था। इस नौकरी से प्राप्त अनुभव के आधार पर वे भारत वापस लौटने की योजना बना रहे थे।

उसी दिन की एक टेलीफोन कॉल से उनके स्वप्न और योजनाएँ अस्त-व्यस्त हो गईं। कॉल भारत से आई थी और बहुत तात्कालिक थी। प्रेमजी हतोत्साहित हो गए और कॉल का उत्तर देने के लिए दौड़े।

टेलीग्रामों की तरह ही अधिकांश ट्रंककॉलों में केवल दहलानेवाली खबरें होती हैं। प्रेमजी को ट्रंककॉल के मार्फत अपने पिता मोहम्मद हुसैन

हशम प्रेमजी की अचानक मृत्यु की खबर प्राप्त हुई। उनका निधन हृदय का दौरा पड़ने के कारण हुआ था।

अजीम की माताजी गुलबानू, जिन्होंने यह खबर उन्हें दी थी, ने उन्हें तुरंत भारत बुलाया था।

इस दहला देनेवाले समाचार को सुनने के बाद अजीम किसी भी हालत में घर वापस जाना चाहते थे। अध्ययन एवं परीक्षाएँ बाद में होती रहेंगी। उन्हें पता था कि घर पर गंभीर जिम्मेदारियाँ उनका इंतजार कर रही थीं।

उन्हें यह भी याद नहीं रहा कि उन्होंने किस तरह से अपनी भारत-यात्रा की तैयारी की। उन्हें ऐसा लगा मानो यह सबकुछ एक स्वप्न हो। वे इस स्वप्न की समाप्ति और इस बुरे स्वप्न से जागने की प्रार्थना करने लगे।

परंतु इस संकट काल में और सभी व्यस्तताओं के बीच उनके मस्तिष्क में यह स्पष्ट था कि कुछेक महीनों में पारिवारिक मुद्दों से निपट जाने के बाद वे स्टैनफोर्ड वापस चले आएँगे और अपने इंजीनियरी पाठ्यक्रम को जारी रखेंगे। उन्हें यह पता था कि यदि उन्होंने अपनी डिग्री पूरी नहीं की तो उनके सभी कठिन कार्यों एवं प्रयासों का कोई तात्पर्य नहीं रह जाएगा।

हशम प्रेमजी की ही इच्छा थी कि अजीम प्रेमजी स्टैनफोर्ड विश्वविद्यालय में अध्ययन करें। इस तरह यदि अजीम प्रेमजी डिग्री प्राप्त करते हैं तो वे अपने पिता के स्वप्नों को साकार करने में सक्षम होंगे।

इसी तनाव भरी परिस्थिति में अजीम ने भारत की यात्रा की। उनके मस्तिष्क में उत्तेजक और मिश्रित विचार आने लगे। दो चीजें ऐसी थीं, जिनके बारे में वे उस समय कुछ नहीं जानते थे।

पहला यह कि यद्यपि उन्हें पता था कि वे अपने पिता की इच्छा के मुताबिक इंजीनियर स्नातक तो अवश्य बन जाएँगे, लेकिन उन्हें इस इच्छा को पूरा करने के लिए 25 वर्ष तक इंतजार करना होगा।

दूसरी इच्छा प्रथम इच्छा से अधिक महत्त्वपूर्ण थी। अजीम प्रेमजी के

लिए प्रतीक्षा कर रही जिम्मेदारियों और चुनौतियों का आयाम इतना विस्तृत था कि उन्होंने उनके बारे में कभी स्वप्न में भी नहीं सोचा होगा।

संक्षेप में, उन्हें इतना बड़ा भार सहन करना पड़ा, जो उनकी उम्र से विषम था, क्योंकि उनकी उम्र अभी 21 वर्ष की हुई थी और उन्होंने न तो अपनी शिक्षा ही पूरी की थी और न ही उन्हें जीवन का कोई अनुभव था।

□

विप्रो का जन्म

महाराष्ट्र के सुदूर क्षेत्र में एक छोटा सा गाँव है। अभी-अभी कुछेक मूलभूत सुविधाएँ वहाँ आने लगी थीं। यह हजारों गाँवों में एक है, जिसके बारे में देश के अन्य भागों में पता नहीं होगा।

अमलनेर मुंबई शहर से लगभग 400 कि.मी. की दूरी पर बोरी नदी के किनारे बसा एक गाँव है। हममें से अधिकांश ने इस गाँव के बारे में कभी सुना नहीं होगा। यदि कोई व्यक्ति किन्हीं कारणों से इस गाँव का दौरा करना चाहे तो यात्रा आसान नहीं होगी; क्योंकि हवाई जहाज, रेलगाड़ी या बस जैसा कोई परिवहन यहाँ उपलब्ध नहीं है।

फिर भी, यदि कोई व्यक्ति किसी तरह से बैलगाड़ी जैसे किसी साधन द्वारा गाँव में पहुँच भी जाता है तो उसे अमलनेर लुभावना नहीं लगेगा; क्योंकि ग्रामीण लोग काफी सीधे-सादे हैं, उनकी जीवन-शैली अत्यंत उबाऊ एवं सामान्य है, जिसमें किसी प्रकार की विशेषता नहीं है। आज भी अमलनेर वैसे-का-वैसा ही है।

सन् 1940 के मध्य में मोहम्मद हुसैन प्रेमजी अपने कारखाने का निर्माण करने के लिए उपयुक्त स्थान की खोज कर रहे थे। उन्होंने इसके लिए काफी स्थानों का निरीक्षण किया और अंत में अमलनेर का चयन किया।

एम.एच. प्रेमजी ने अमलनेर में खोली जानेवाली फैक्टरी में वनस्पति

तेल का निर्माण करने की योजना बनाई। इसे इसके सामान्य नाम 'वनस्पति' की अपेक्षा इसके विशेष नाम 'डालडा' से अधिक आसानी से समझा जाएगा।

वनस्पति, जो एक वनस्पति तेल है, की संरचना अधिकतर घी की तरह से है। प्राय: इसे बुनियादी अवयव के रूप में ताड़ के तेल से तैयार किया जाता है। घी की तुलना में वनस्पति की कीमत काफी कम है, परंतु स्वाद पूरी तरह से घी के जैसा होता है।

इसे 'गरीब आदमियों का घी' कहा जाने लगा था, क्योंकि असली घी की कीमत कम आय वर्ग के लोगों के सामर्थ्य में नहीं थी। तब तक श्वेत क्रांति आरंभ नहीं हुई थी। उस समय तक लोगों को आविन एवं अमूल घी का पता नहीं था।

'वनस्पति' शब्द बोधगम्य है, परंतु 'डालडा' क्या है ?

हिंदुस्तान लीवर लिमिटेड अपने उत्पादों में से एक उत्पाद वनस्पति का निर्माण करना चाहता था। इसलिए उसने इसके निर्माण के लिए जरूरी प्रौद्योगिकी का आयात हॉलैंड स्थित कंपनी 'डाडा' से किया। हिंदुस्तानी कंपनी ने 'लीवर्स' को निर्दिष्ट करने के लिए इसमें 'ल' शब्द जोड़ दिया, जिससे इसका नाम 'डालडा' पड़ गया।

ब्रांड नाम 'डालडा' लोकप्रिय हो जाने के पश्चात् लोग इसके मौलिक नाम वनस्पति को भूल गए और इसे 'डालडा' कहने लगे। आज भी 'डालडा' बाजार में उपलब्ध है, परंतु इसे अब हिंदुस्तान लीवर लिमिटेड द्वारा निर्मित नहीं किया जा रहा है।

यदि वनस्पति लोगों के लिए उपयोगी है तो इसे मेरी कंपनी में भी क्यों न निर्मित किया जाए ? इसे केवल हिंदुस्तान लीवर लिमिटेड ही क्यों निर्मित करे ? प्रेमजी ने सोचा।

प्रेमजी शिया मुसलिम समुदाय परिवार के हैं। उनके पूर्वज, जो बर्मा के निवासी थे, बाद में गुजरात में स्थापित हो गए थे। वे बर्मा में चावल के

व्यापारी थे और उन्होंने जीवन में संघर्ष झेला था।

अजीम प्रेमजी के दादा भारत के महत्त्वपूर्ण चावल व्यापारियों में से एक थे। उनके पुत्र एम.एच. प्रेमजी ने पारिवारिक व्यापार में हाथ बँटाकर अपने पिता की मदद की।

सन् 1945 में जब अंग्रेज भारत में शासन कर रहे थे, तब उन्होंने अनेक नीतियाँ चलाईं। इन नीतियों ने छोटे एवं बड़े दोनों पैमाने के चावल व्यापारियों को प्रतिकूल रूप से प्रभावित किया। इससे एम.एच. प्रेमजी को अन्य व्यापार का विकल्प चुनने के लिए मजबूर होना पड़ा।

तभी उन्होंने वनस्पति का निर्माण करने का निश्चय किया।

सन् 1945 के अंत में (29 दिसंबर) एम.एच. प्रेमजी ने 'पश्चिम भारत वनस्पति उत्पाद लिमिटेड' (Western India Vegetable Products Limited) कंपनी की स्थापना की। कंपनी बंबई (आजकल मुंबई) में पंजीकृत की गई और उसने अमलनेर में कारखाना स्थापित करने की प्रक्रिया शुरू कर दी।

एम.एच. प्रेमजी ने आरंभ में एक छोटा सा कारखाना शुरू करने की योजना बनाई। इसका उद्‌देश्य स्थानीय किसानों से आवश्यक वानस्पतिक उत्पाद उपलब्ध करना और वनस्पति का निर्माण करना था।

प्रेमजी ने उन वनस्पति तेल के उत्पादों को बेचने की योजना बनाई, जो केवल भारत के पश्चिमी राज्यों में निर्मित किए जाते थे। इसीलिए उन्होंने अपनी कंपनी का नाम 'पश्चिम भारत वनस्पति उत्पाद लिमिटेड' रखा था।

सन् 1946 में उनके अमलनेर कारखाने ने कार्य करना आरंभ कर दिया।

जब कंपनी ने उन अन्य उत्पादों, जो प्रत्यक्ष रूप से पौधों से प्राप्त नहीं किए जाते थे, बिक्री करना शुरू किया तो 'वनस्पति' शब्द कंपनी से अलग कर दिया गया और इसका नाम 'पश्चिम भारत उत्पाद लिमिटेड' (Western India Products Limited) रह गया।

जब अजीम प्रेमजी ने अपने पिता की मृत्यु के पश्चात् कंपनी की बागडोर सँभाली तो वे इस नाम से संतुष्ट नहीं हुए। उन्होंने यह महसूस किया कि यदि कंपनी का नाम एक उपन्यास की तरह से लंबा हो तो उसे लोगों के दिमाग में याद रहना कठिन हो सकता है।

इसलिए उन्होंने वेस्टर्न से W, इंडिया से I एवं उत्पाद से Pro शब्दों का चयन किया और इसका नाम 'विप्रो' (WIPRO) रखा। इस नाम को बदलने के बाद कंपनी का नाम सारे भारत और विदेश में प्रचलित होने में आसानी हो गई।

यद्यपि 'विप्रो' एम.एच. प्रेमजी की कंपनी का एक छोटा रूप था और इसे सन् 1977 में शुरू किया गया था, परंतु असमंजसता दूर करने के लिए अब आगे पुस्तक में 'विप्रो' के नाम का प्रयोग करना सुविधाजनक होगा।

इस प्रकार विप्रो की शुरुआत सन् 1945 में की गई थी। दूसरे ही वर्ष फरवरी-मार्च के महीनों में यह पब्लिक लिमिटेड कंपनी बन गई।

यहाँ पर यह बताना जरूरी होगा कि विप्रो उन शुरुआती कंपनियों में से एक है, जिसे भारतीय शेयर बाजार में पंजीकृत किया गया था। विप्रो के 17,000 शेयर 100 रुपए प्रति शेयर के मूल्य से जारी किए गए थे, जिनमें से आधे शेयर कंपनी के डायरेक्टरों को दे दिए गए थे। बाकी बचे शेयर आम जनता द्वारा खरीदे गए थे।

ये अधिकांश लोग अमलनेर गाँव के थे और काफी गरीब थे। उस जमाने में उनके लिए 100 रुपए बहुत मायने रखते थे। फिर भी उनमें से अनेक ने विप्रो के शेयरों में निवेश किया। इस प्रकार के निवेश के पीछे एक भावनात्मक कारण था।

विप्रो के संस्थापक एम.एच. प्रेमजी ने अपने कारखाने के लिए स्थानीय किसानों की कृषि उपज को अच्छे दामों में खरीदा था। इसके अतिरिक्त अनेक ग्रामीणों को उनके कारखाने में नौकरी के अवसर भी प्राप्त हुए। कई

छोटे व्यापारियों को भी उनकी कंपनी के उत्पादों को खरीदने और उन्हें फुटकर रूप से बेचने से फायदा पहुँचा।

प्रेमजी द्वारा किए गए इन सद्भावना प्रदर्शनों से ग्रामीण लोगों के दिलों में उसके प्रति आदर पैदा हो गया। वे उन्हें काफी चाहने लगे। वे उन्हें 'मोहम्मद सेठ' कहकर सम्मान प्रदर्शित करते थे।

जब विप्रो एक सार्वजनिक क्षेत्र की कंपनी बनी तब अमलनेर के अनेक व्यक्ति शेयर बाजार के बारे में कुछ नहीं जानते थे। परंतु उन्हें 'मोहम्मद सेठ' में काफी विश्वास था। वे जानते थे कि उन्होंने गाँव की भलाई के लिए काफी कुछ किया है। इसलिए वे कंपनी के शेयरों को खरीदकर उनके प्रति अपना आदर प्रदर्शित करना चाहते थे।

इसीलिए अमलनेर के काफी ग्रामवासियों ने अपनी छोटी सी आय से यथासंभव शेयर खरीद लिये थे। कुछेक लोग केवल 5 या 10 ही शेयर खरीद सके। कुछेक ने वे शेयर विप्रो कंपनी से उपहारस्वरूप प्राप्त किए।

परंतु अधिकांश लोग यह नहीं समझ पाए कि आखिर वे इन शेयरों से करें तो क्या करें! उन्होंने उन्हें अपने घरों में सँभालकर रख दिया और अपने नियमित काम में जुट गए।

इस तरह कुछेक शेयरों को छोड़कर शेयरों की अधिकांश संख्या स्वयं प्रेमजी के पारिवारिक सदस्यों द्वारा खरीदी गई थी। इसलिए पब्लिक लिमिटेड कंपनी बनने के बाद भी यह एक पारिवारिक कंपनी की तरह काम कर रही थी।

सन् 1947 में जब अमलनेर में विप्रो कंपनी सक्रिय रूप से कार्य कर रही थी, तभी भारत को स्वतंत्रता प्राप्त हुई थी। मुसलिमों की ज्यादा जनसंख्या होने की वजह से पाकिस्तान को एक अलग देश का दर्जा दे दिया गया।

सारा राष्ट्र भारत एवं पाकिस्तान के बँटवारे के कारण एक तनावपूर्ण वातावरण से गुजर रहा था। अधिकांश मुसलिम परिवार पाकिस्तान चले गए और वहाँ के अधिकांश हिंदू भारत आ गए।

ऐसी परिस्थितियों के बीच मोहम्मद अली जिन्ना ने एम.एच. प्रेमजी

को पाकिस्तान में रहने के लिए आमंत्रित किया। एम.एच. प्रेमजी भारत में मुसलिम समुदाय के लोकप्रिय अति-विशिष्टव्यक्तियों (वी.आई.पी.) में से एक थे। जिन्ना वरिष्ठ प्रेमजी को अपनी नवनिर्मित सरकार में वित्त मंत्री के तौर पर नियुक्त करने की योजना बना रहे थे।

परंतु प्रेमजी पाकिस्तान जाने के इच्छुक नहीं थे। उन्हें यह मालूम था कि भारत ही उनका घर था। इसलिए उन्होंने भारत में ही रहने का निर्णय लिया और विनम्रता से जिन्ना के आमंत्रण को अस्वीकार कर दिया।

विप्रो द्वारा अमलनेर में निर्मित वनस्पति एवं खाना बनाने का तेल जैसे उत्पाद 'किसान', 'सनफ्लावर' एवं 'कैमल' नामों से बेचे जाते थे। इनके अलावा विप्रो में '787' के नाम से कपड़े धोने का साबुन भी निर्मित किया जाता था।

परंतु वनस्पति का निर्माण करनेवाली कंपनी विप्रो ने कपड़े धोने का साबुन बनाना क्यों शुरू किया, जबकि इसका उससे कोई संबंध नहीं था?

इसमें कोई छुपी बात नहीं है। कपड़े धोने का साबुन बनाने के लिए जिस प्रमुख अवयव की जरूरत होती है, वह वनस्पति तेल के निर्माण के दौरान एक गौण उत्पाद के रूप में मिल जाता है। इसीलिए विप्रो ने इस गौण उत्पाद का भी साबुन निर्माण के लिए भरपूर उपयोग किया।

अपने पिता की तरह ही अजीम प्रेमजी के पास भी व्यापार के अज्ञात क्षेत्र में प्रवेश करने का साहस था। इसी साहस की वजह से उन्हें विप्रो को दूसरे स्तर तक ले जाने में मदद मिली।

जब विप्रो कारखाने ने पूर्ण रूप से अमलनेर में अपना काम करना शुरू किया, तभी एम.एच. प्रेमजी का परिवार मुंबई में बस गया था। उनकी पत्नी कुलबानू प्रेमजी डॉक्टरी का अध्ययन करनेवाली बहुत कम महिलाओं में से एक थीं। किंतु उन्होंने कभी डॉक्टर के रूप में कार्य नहीं किया। चूँकि उनके पति हमेशा अपने कारोबार में व्यस्त रहते थे, इसलिए उन्हें अकेले ही चार बच्चों के परिवार को सँभालना पड़ता था।

अजीम प्रेमजी चारों में से सबसे छोटे लड़के थे। उनका जन्म 24 जुलाई, 1945 को विप्रो कंपनी के प्रारंभ होने से केवल कुछ महीने पहले ही हुआ था। चार बच्चों में अजीम बचपन से ही अपनी माँ के दुलारे थे।

उनके जन्म से पहले ही अजीम परिवार धनाढ्यता के हिसाब से काफी समृद्ध था। परंतु उनके माता-पिता हमेशा इस बात का ध्यान रखा करते थे कि कहीं विलासप्रिय जीवन की वजह से उनके बच्चे बरबाद न हो जाएँ।

परिणामस्वरूप अजीम का लालन-पालन मध्य वर्गीय परिवार के बच्चों की तरह हुआ। पैसे और कठिन कार्य की कीमत बचपन से ही उनके मस्तिष्क में बिठा दी गई थी।

आज तक न तो प्रेमजी ने और न ही उनकी कंपनी ने पैसे को कभी फिजूलखर्ची से, बिना औचित्य के खर्च किया है। वे इस सिद्धांत के दृढ़ आग्रही रहे हैं। उनके बचपन के दिनों में मितव्ययिता के रूप में बोए गए बीज का ही यह परिणाम था।

अजीम प्रेमजी की पढ़ाई मुंबई के सेंट मेरी स्कूल में हुई। इस स्कूल में समाज के सभी वर्गों के बच्चे पढ़ते थे। इसलिए अजीम को मैले-कुचैले, धनी और गरीबी रेखा से नीचे के बच्चों के साथ मिलने-जुलने का अवसर प्राप्त हुआ।

सबसे बड़ी बात यह थी कि अध्यापक प्रत्येक विद्यार्थी पर व्यक्तिगत ध्यान और दिलचस्पी रखते थे। वे न केवल विद्यार्थियों के शैक्षणिक निष्पादन का ध्यान रखते थे बल्कि उनके चरित्र, शारीरिक योग्यताओं, खेलों और दूसरों के साथ सहानुभूति प्रकट करने जैसे गुणों को भी विकसित व संघटित करते थे।

इसके फलस्वरूप प्रत्येक अध्यापक अपने विद्यार्थियों के साथ अधिक-से-अधिक समय बिताता था और उनके सकारात्मक एवं नकारात्मक गुणों की पहचान करता था। इससे उन्हें अपने विद्यार्थियों को तदनुसार प्रशिक्षित

करने में सहायता मिलती थी। यहाँ यह बताना जरूरी होगा कि अजीम प्रेमजी ने अपने बाद के दिनों में कहा था, 'मेरे सभी अध्यापकों का उत्कृष्ट स्वभाव था। उनके मार्गदर्शन में अध्ययन करना मेरे लिए एक वरदान था।'

परंतु ये टिप्पणियाँ उनके बाद के जीवन की अवस्था में आई अनुभूतियों के परिणामस्वरूप की गई थीं। बचपन में अजीम अध्ययन एवं परीक्षाओं में रुचि नहीं रखते थे। उनकी पूरी-की-पूरी ऊर्जा और समझ आम बच्चों की तरह शरारतों और नटखट बरतावों में लग जाती थी। उन्हें उनकी शरारतों के कारण बहुधा सजा मिलती रहती थी। विद्यार्थियों को उनकी ओछी गलतियों के लिए घुटनों के बल नीचे बिठा दिया जाता था और बुरे बरताव के लिए कक्षा से बाहर कर दिया जाता था।

अजीम बार-बार कक्षा के अंदर-बाहर जाने से तंग आ चुके थे। इसलिए सुबह-सुबह ज्यों ही वे बिस्तर से उठते, उन्होंने अपनी प्रातःकालीन प्रार्थना में ईश्वर से विशेष अनुरोध करना शुरू कर दिया—

'हे ईश्वर! इतनी वर्षा कर दे कि चारों ओर बाढ़-ही-बाढ़ आ जाए और स्कूल बंद हो जाएँ।' ईश्वर से की जानेवाली उनकी यह पक्की प्रार्थना थी।

एक अवस्था के बाद उनकी शरारतों और नटखटपन में धीरे-धीरे कमी आ गई और वे एक सौम्य व्यक्ति बन गए। उन्होंने अपने अध्ययन पर गंभीरता से ध्यान देना भी शुरू कर दिया।

अध्ययन के अलावा अजीम प्रेमजी में जो एक नई रुचि पैदा हुई, वह थी अपने दोस्तों के साथ नए स्थानों का भ्रमण करना और प्राकृतिक वातावरण में विशेष समय बिताना। तदनुसार वे मुंबई के निकट महाबलेश्वर, जो एक प्रसिद्ध पर्यटन स्थल है, का दौरा करना पसंद करते थे। वे अकसर अपने दोस्तों के साथ वहाँ जाया करते थे और लंबी दूरी तक पैदल निकल पड़ते थे। अपने दोस्तों के साथ छोटे एवं बड़े पर्यटन स्थलों का दौरा करने की उनकी आदत तीव्रता से बढ़ती गई। उनका अधिकांश खाली समय बांद्रा

और जुहू तट पर बीतता था।

अपने स्कूली अध्ययन के समापन के बाद अजीम प्रेमजी ने सेंट जेवियर कॉलेज में प्रवेश लिया। अंतरस्नातक अध्ययन में उन्होंने विज्ञान शाखा को चुना। परंतु अपने कॉलेज के दिनों में वे विज्ञान पढ़ने की बजाय क्रिकेट खेलना अधिक पसंद करते थे। वे काफी देर तक किक्रेट खेलते रहते थे और बॉलिंग में काफी अच्छे थे।

एम.एच. प्रेमजी, जो अपने पुत्र को उच्च शिक्षा दिलाना चाहते थे, ने उन्हें यूनाइटेड स्टेट, कैलिफोर्निया के स्टैनफोर्ड विश्वविद्यालय में दाखिला दिलाने का निर्णय लिया। उनकी इच्छा थी कि उनके पश्चात् अजीम प्रेमजी विप्रो को सँभालें, हालाँकि उस समय तक उन्होंने अपने इस इरादे का खुलासा नहीं किया था। उन्हें यह मालूम था कि कंपनी या कारखाने के प्रशासन के लिए अजीम को तैयार करने का पहला प्रयास होगा उन्हें स्टैनफोर्ड विश्वविद्यालय में इंजीनियरी में भरती करना।

अजीम प्रेमजी ने स्वयं कहा है, ''मुझे इंजीनियरी पढ़ने में कोई विशेष रुचि नहीं थी। मुझे सौंपे गए इस पाठ्यक्रम को पढ़ने के अलावा मेरे पास कोई और विकल्प नहीं था। इसी कारण से मैं अपने विद्यार्थी जीवन के दौरान और तत्पश्चात् भी अच्छा इंजीनियर नहीं बन पाया।''

इसी तरह अजीम, जो उच्च अध्ययन के लिए विदेश गए थे, की वहाँ हमेशा के लिए ठहरने की इच्छा नहीं थी। वास्तव में उन्होंने कभी भी इस बारे में नहीं सोचा था कि उनका भविष्य क्या और कैसा होगा। उनके पिता की यह इच्छा थी कि वे अमेरिका में अध्ययन करें।

हमेशा की तरह अजीम प्रेमजी ने इसे साहसिक भ्रमण कार्यों का एक दूसरा अनुभव समझा। अपने कुछ मित्रों के साथ वे विश्व-भ्रमण के लिए निकल पड़े। लघु विश्व-भ्रमण ने उन्हें स्टैनफोर्ड विश्वविद्यालय में पहुँचा दिया।

स्टैनफोर्ड के अपनी कक्षा के साथियों की तुलना में प्रेमजी पाठ्यक्रम

के हिसाब से पीछे थे। उनकी कक्षा के अन्य विद्यार्थियों ने आधा पाठ्यक्रम पूरा कर लिया था और वे उनसे काफी आगे पहुँच चुके थे। अजीम प्रेमजी को वे पाठ अपने प्रोफेसरों और कक्षा के साथियों के साथ चर्चा करके पूरे करने थे। उन्हें संबंधित किताबें भी ढूँढ़नी थीं, साथ ही उन्हें नियमित कक्षाओं में भी भाग लेना जरूरी था।

उन्हें चैन तभी मिल सकता था जब वे अधूरे पिछले कार्य पूरा कर लें और अपनी कक्षा के साथियों की बराबरी में आ जाएँ। तत्पश्चात् उन्होंने धीरे-धीरे पाठों को पूरा करना आरंभ किया।

प्रेमजी कहते हैं, ''मैंने स्टैनफोर्ड में कठिन परिश्रम किया। मैंने खूब पढ़ाई की और जीवन का आनंद भी लिया।'' उन्हें स्टैनफोर्ड की जो सबसे अच्छी बात लगी, वह थी विभिन्न समाजों एवं संस्कृतियों से आए विद्यार्थियों को समझने का अवसर मिलना और प्रोफेसरों द्वारा विद्यार्थियों के सृजनात्मक कौशल को विकसित करने के लिए दिया गया प्रोत्साहन।

इंजीनियरिंग पाठ्यक्रम को पूरा करने से कुछ ही महीने पूर्व उनके पिता एम.एच. प्रेमजी का देहांत हो गया। समाचार मिलते ही प्रेमजी को तुरंत भारत आना पड़ा।

आरंभ में अजीम प्रेमजी का पूर्वानुमान यह था कि शायद उन्हें उनके पिता का अंतिम संस्कार करने एवं परिजनों का दुःख बाँटने के लिए बुलाया गया था। परंतु इसका क़ारण उनके अनुमान से अलग ही था।

एम.एच. प्रेमजी की अंतिम इच्छा थी कि उनकी मृत्यु के पश्चात् अजीम प्रेमजी विप्रो का कार्यभार सँभालें। उनकी अचानक मृत्यु के बाद कुलबानू, जो कंपनी के मामलों की देखभाल कर रही थीं, ने अजीम प्रेमजी को उनकी इच्छा से अवगत कराया। वे उन्हें कंपनी की जिम्मेदारियाँ देना चाहती थीं।

कॉलेजियर अजीम प्रेमजी को यह जानकर बड़ा धक्का लगा। कानूनी तौर पर वे अभी तक परिपक्व नहीं हुए थे। उन्हें यह आश्चर्य होने लगा कि

आखिर वे इतनी बड़ी जिम्मेदारी को किस प्रकार निभा पाएँगे? उनकी माताजी कुलबानू के पास भी इसका कोई जवाब नहीं था। उनका एक ही कहना था, "अजीम, यह तुम्हारे पिता की आखिरी इच्छा थी, इसलिए तुम्हें यह करना होगा।"

हालात से अजीम बेचैन हो गए। वे किसी भी हालत में अपना इंजीनियरिंग पाठ्यक्रम पूरा करना चाहते थे। साथ ही वे अपने पिता की आखिरी इच्छा की भी अनसुनी नहीं करना चाहते थे। इसलिए उन्होंने विप्रो की जिम्मेदारी एवं नेतृत्व को आधे-अधूरे मन से स्वीकार किया और सँभाला।

उनकी समझ में यह नहीं आ रहा था कि कंपनी को कहाँ और किस प्रकार से चलाएँ! उन्हें उस कारोबार के बारे में भी किसी प्रकार का अनुभव नहीं था, जिसमें विप्रो काम कर रही थी। यह अजीम प्रेमजी द्वारा लिया गया एक भावनात्मक निर्णय था, जिसे वे एक आज्ञाकारी पुत्र के तौर से अपने पिता की इच्छा पूरी करने के लिए कर रहे थे।

परंतु सच यह था कि उसके पास उस परिस्थिति में कोई और विकल्प शेष नहीं था। उनके पिता ने उन पर दृढ़ विश्वास व्यक्त किया था कि अजीम निश्चित तौर से कंपनी को सँभालने में कामयाब रहेंगे। इसलिए अब उन्हें अपनी खूबी को साबित करना था।

यदि अजीम प्रेमजी ने इस उत्तरदायित्व से इनकार कर दिया होता तो कंपनी का प्रशासन, जोकि उनके पिताजी का एक स्वप्न था, किसी तीसरे पक्ष के हाथों में चला जाता। उनका प्रशासन किस प्रकार का होगा, इसका अनुमान नहीं लगाया जा सकता है। वह प्रशासन कंपनी का भाग्योदय भी कर सकता था और कंपनी को बंद भी कर सकता था। यदि ऐसा हो गया तो अजीम जीवन भर अपने आपको माफ नहीं कर पाएँगे।

वे ऐसी परिस्थिति का सामना नहीं करना चाहते थे। इसलिए चाहे यह भावनात्मक हो या तर्कसंगत, उन्होंने निर्णय ले लिया था। अब वहाँ से

लौटने का प्रश्न ही नहीं था। उन्होंने अपना काम करना शुरू कर दिया।

कंपनी का अध्यक्ष बनने के बाद जब अजीम प्रेमजी ने अमलनेर की कंपनी में पहली बार प्रवेश किया तो वे आश्चर्यचकित रह गए। उन्हें प्रत्येक चीज चौंकाने वाली पहेली की तरह लग रही थी। उन्हें लगा कि उनकी आँखें बंद करके उन्हें किसी घनघोर जंगल में छोड़ दिया गया है।

कारखाना काफी बड़ा था; अनेक मशीनें थीं और प्रत्येक मशीन अलग-अलग ढंग से काम कर रही थी। एक ही बार में विभिन्न प्रकार के उत्पादों का निर्माण हो रहा था। अंत में उन उत्पादों को पैक करके बिक्री के लिए भेजा जा रहा था। वे स्वयं को कंपनी, मशीनों, उनके उत्पादों और बिक्री के उपयुक्त नहीं समझ पा रहे थे।

अपने पुत्र की दुविधा का अनुमान लगाते हुए माँ कुलबानू ने कंपनी को चलाने के लिए उन्हें कुछ बुनियादी गुर और तरीके बताए। उन्होंने कहा, ''अजीम, मैं स्वयं वनस्पति और वनस्पति तेल के निर्माण व बिक्री के बारे में कुछ नहीं जानती। परंतु तुम्हें कुछ मौलिक नैतिकताओं और अनुशासन के बारे में अवश्य बता सकती हूँ, जिनका हम सभी को अनुसरण करना ही चाहिए, चाहे वह कारोबार हो या व्यक्तिगत मामला। मैं यह नहीं जानती कि इससे तुम्हारे कारोबार-प्रशासन में किसी प्रकार का लाभ मिलेगा या नहीं।

''यदि तुम्हें किसी चीज पर विश्वास है तो लोगों की राय के बारे में मत सोचो। कभी हिचकिचाओ मत या इससे मुँह मत मोड़ो। अपने विश्वासों का हमेशा अनुकरण करो।

''चाहे कारोबार हो या व्यक्तिगत मामले, अपना वचन हमेशा पूरा करो। यदि तुम स्वयं अपने शब्दों की कदर नहीं करोगे तो दूसरे भी तुम पर भरोसा नहीं करेंगे।

''यदि तुम्हें किसी को पैसे देने हैं तो सही ढंग से उसका भुगतान करो। यदि किन्हीं कारणों से तुम्हारे पास पर्याप्त पैसा नहीं है तो कम-से-

कम आंशिक रूप से उसका भुगतान अवश्य करो। बाद में तुम धीरे-धीरे बाकी पैसों का भी भुगतान कर सकते हो, परंतु कभी भी लंबे समय तक कर्ज मत रोके रखो।''

यद्यपि माताजी द्वारा दी गई सलाह काफी आम सलाह थी, परंतु अजीम प्रेमजी ने इसमें छिपे रहस्य को समझा। उन्होंने हमेशा यही चाहा कि उन्हें अपने कारोबार को पारदर्शी एवं ईमानदार तरीके से करना होगा। गलत तरीकों से धन कमाने के बजाय कारोबार छोड़ देना और खाली रहना बेहतर है। उन्होंने यह भी महसूस किया कि कठिन कार्य का कोई शॉर्टकट नहीं होता है।

इस अनुभूति के बाद उन्होंने सही नियमों और ईमानदार मूल्यों की नींव के साथ कंपनी का निर्माण करना शुरू किया।

आरंभ में प्रेमजी स्वयं को एक ऐसे बच्चे की तरह पा रहे थे, जो तैरना नहीं जानता, परंतु उसे पानी में फेंक दिया गया था। जिस व्यक्ति को पानी में फेंक दिया जाता है, भले ही वह तैरना न जाने, उसे हाथ-पैर हिलाना ही होता है, ताकि वह डूबे नहीं। यह बात अजीम प्रेमजी अच्छी तरह जानते थे।

इसीलिए वे कभी डूबे नहीं। परंतु उन्हें हमेशा एक बात का शक बना रहता था कि दूरी और दिशा के ज्ञान के बिना वे कब तक तैरते रहेंगे? क्या इससे कोई सकारात्मक परिणाम प्राप्त होगा? क्या इस तैरने भर की योग्यता के साथ वे किसी प्रकार का सुधार करने में सक्षम हो पाएँगे?

उलझन को और गंभीर बनाने के लिए अगल-बगल के लोग अनेक प्रकार की सलाह और गुर दिया करते थे। अगर सच पूछो तो ये सभी सिर्फ निराश करनेवाली सलाहें थीं। उन सभी ने कहा, ''इस व्यापार में ज्यादा लाभ के अवसर नहीं हैं; यदि हैं भी तो आप बिना पूर्व अनुभव के व्यापार को चला नहीं पाओगे। इसलिए तुम्हारे लिए यही अच्छा रहेगा कि तुम इसे छोड़ दो। अपना कीमती समय बचा लो।''

धीरे-धीरे ये राय और सुझाव प्रेमजी को काफी तंग करने लगे। उन्हें यह विस्मय होने लगा कि स्टैनफोर्ड में अपना अध्ययन छोड़कर एक पूर्णकालिक तेल का कारोबार करना क्या एक उचित निर्णय था? क्या वे इसमें सफल होंगे? और यदि सफल हो भी गए तो क्या ऐसा करना उनके लिए जरूरी था?

ऐसी विषम परिस्थिति में अनिर्णय से उबारने के लिए एक नए पात्र ने उनकी जिंदगी में प्रवेश किया। जी नहीं, यह व्यक्ति अजीम प्रेमजी के मित्र के रूप में नहीं बल्कि एक खलनायक के रूप में आया।

□

अजीम बने विप्रो के चैयरमैन

यह खबर काफी तेजी से आस-पास फैल गई कि विप्रो कंपनी के पूर्व अध्यक्ष के लड़के को कंपनी का नया अध्यक्ष चुन लिया गया है। कुछेक लोगों, जिन्होंने कंपनी में निवेश किया था, ने राहत की एक लंबी साँस ली; परंतु कुछेक इस बात से चिंतित थे कि नया चेयरमैन केवल 21 वर्ष की उम्र का है। कुछेक का कंपनी से विश्वास उठ गया और उन्होंने अपने शेयर तक बेच दिए। परंतु एक ऐसा व्यक्ति भी था, जिसके चेहरे पर मुसकान थी और यह मुसकान बड़ी रहस्यमयी थी।

उसका नाम करन वाडिया था। वह पेशे से वकील था और मुंबई में वकालत कर रहा था। वह कुछेक कंपनियों में निवेश करके अतिरिक्त आय भी अर्जित कर रहा था। वह अंशकालिक कार्य के तौर पर यह सब करता था।

अन्य निवेशकों और उसमें एक महत्त्वपूर्ण अंतर यह था कि करन वाडिया कभी अपने शेयरों की कीमत बढ़ने का इंतजार नहीं करता था; बल्कि वह कंपनियों के मामलों पर बारीक नजर रखता था। यदि उसे कंपनी के मामलों में किसी भी प्रकार की समस्या का कोई पता चलता था, वह तुरंत मामले को अधिक जटिल बनाना शुरू कर देता था और स्वयं के लिए वित्तीय लाभ हासिल करने की कोशिश करता था। संक्षेप में, वह एक भयादोहक (ब्लैकमेलर) था और मुसीबत का लाभ उठाता था।

करन वाडिया ने विप्रो के भी कुछ शेयर खरीदे थे। इसी हैसियत से उसे शेयरधारकों के वार्षिक सम्मेलन में भाग लेने और कंपनी के मामलों के बारे में कंपनी के डायरेक्टरों से सवाल-जवाब करने का मौका मिल जाता था।

करन वाडिया ने वर्ष भर विप्रो के काम करने के तरीके का बारीकी से अवलोकन किया। वह कंपनी में आनेवाली त्रुटि की प्रतीक्षा कर रहा था। सौभाग्य से उसे मौका मिल गया।

यह वह समय था, जब अजीम प्रेमजी ने अध्यक्ष के रूप में विप्रो का कार्यभार सँभाला था। उनके पास विप्रो का अध्यक्ष बनने के लिए एक पूर्व अध्यक्ष का पुत्र होने के अलावा और किसी प्रकार का अनुभव या प्रमाण-पत्र नहीं था।

करन वाडिया के लिए यह काफी था और उसने तुरंत विप्रो से संबंधित प्राधिकारियों से संपर्क किया और घोषणा की कि वह इस मुद्दे को कंपनी के शेयरधारकों की आगामी बैठक में उठाएगा। चूँकि करन वाडिया पेशे से एक वकील था, इसलिए अधिकांश कंपनियाँ उसके कथनों की अनसुनी नहीं करती थीं। वे उसे आँखें दिखाने की बजाय उसे चुप कराने की कोशिश करती थीं। करन वाडिया चुप रहने की भी कीमत माँगा करता था। वह उन कंपनियों से स्वयं को उनका कानूनी सलाहकार नियुक्त करने की माँग करता था। वह कहा करता था, ''मैं कंपनी पर आई कानूनी अड़चनों के निवारणार्थ कार्य करूँगा।''

दूसरे शब्दों में, इसका अर्थ यह था कि कंपनियों को उसे अपना कानूनी सलाहकार रखना चाहिए और उसे संतुष्ट रखने के लिए पैसों का भुगतान करना चाहिए। अन्यथा वह निश्चित रूप से उनके लिए अनावश्यक मुद्दे और समस्याएँ खड़ी कर देगा। इस तरह से अनेक कंपनियों के लिए करन वाडिया के नाटकीय करतबों और आक्षेपों के आगे हथियार डाल देना आम बात थी। इसीलिए भले ही उन्हें उसकी कानूनी सलाह से लाभ

हो या नहीं, वे चुप जरूर रह जाती थीं। इसलिए उसकी जो भी माँग रहती थी, वे उसे देने के लिए तैयार रहती थीं।

करन वाडिया यही तरीका विप्रो के लिए भी अपनाना चाहता था। उसने अप्रत्यक्ष रूप से कंपनी को संदेश भेजा कि यदि उसे 21 वर्षीय एक व्यक्ति को कंपनी का अध्यक्ष बनाए जानेवाले मुद्दे पर चुप कराना है तो कंपनी को उसे तदनुसार रिश्वत देनी होगी।

वास्तव में कंपनी के अधिकांश शेयर प्रेमजी के पारिवारिक सदस्यों के पास ही थे, इसलिए अजीम प्रेमजी को करन वाडिया की माँगों के आगे झुकने की आवश्यकता नहीं थी। यदा-कदा करन वाडिया ने कोई मुद्दा उठाकर किसी प्रकार की समस्या खड़ी भी कर दी तो मतदान प्रणाली से उसे बाहर करने की शक्ति उनके पास ही थी।

इसके अलावा अजीम प्रेमजी ने यह स्पष्ट कर दिया था कि उनकी कंपनी कभी भी घूस, भ्रष्टाचार और धोखाधड़ी के मामले में कोई समझौता नहीं करेगी। इसीलिए जब करन वाडिया ने यह संकेत भेजा कि वह समस्या खड़ी करने जा रहा है तो प्रत्युत्तर में विप्रो प्रशासन ने स्पष्ट तौर से उसे संदेश भेजा कि वह जो भी करना चाहता है, कर सकता है।

इस उत्तर से करन वाडिया चिढ़ गया। इससे पहले वह कई कंपनियों में अपनी भयादोहक राजनीति को सफलतापूर्वक अपना चुका था। किसी ने भी इस प्रकार से उसे अनसुना करने की हिम्मत नहीं दिखाई थी। उसने अजीम प्रेमजी, जो कि उसके मुताबिक एक बच्चा ही था, को सबक सिखाने की ठान ली। वह उचित समय की प्रतीक्षा करने लगा।

विप्रो के शेयरधारकों की वार्षिक साधारण सभा अजीम प्रेमजी के स्टैनफोर्ड से लौटने के कुछ ही सप्ताह बाद आयोजित की गई। इसी बैठक में करन वाडिया ने अजीम प्रेमजी को विप्रो का अध्यक्ष बनाए जाने के बारे में आपत्ति उठाई—

"कंपनी का प्रमुख बनने के लिए आपके पास क्या योग्यता है?"

उसने स्पष्ट रूप से अजीम प्रेमजी से पूछा। ''आपके पास इस कारोबार के बारे में कोई पूर्व अनुभव नहीं है, न ही आपके पास अपेक्षित शैक्षणिक योग्यता ही है। आपके पास कोई तकनीकी विशेषज्ञ या अनुभवी व्यक्ति भी नहीं है। ऐसी परिस्थितियों के अंतर्गत क्या ऐसा प्रतीत नहीं होता कि आप विप्रो को इसके विनाश की ओर ले जाएँगे ?''

इनमें से अधिकांश प्रश्न वही थे, जो अजीम प्रेमजी स्वयं से पूछा करते थे। परंतु जब इन प्रश्नों को अनेक लोगों के सामने खुले तौर पर उठाया गया तो उनकी प्रतिष्ठा को ठेस पहुँची।

''मेरे पास अपेक्षित अनुभव नहीं भी हो सकता है, परंतु कंपनी को चलाने का आत्मविश्वास तो है। कंपनी को चलानेवाले सभी व्यक्तियों के पास अनुभव नहीं हुआ करता। संबंधित क्षेत्र में कार्य करने से ही लोगों को अनुभव प्राप्त होता है।'' उन्होंने उत्तर दिया।

करन वाडिया चुप रहनेवालों में नहीं था। उसने यह कहकर अजीम प्रेमजी को उत्तेजित किया, ''यह कंपनी आप जैसे अपरिपक्व व्यक्ति द्वारा नहीं चलाई जा सकती। इसलिए आपके लिए यही अच्छा रहेगा कि आप अपने सभी शेयरों को अच्छे मुनाफे में बेच दें और कोई ऐसा व्यापार करें, जो आपके लिए उपयुक्त हो। ऐसा करना कंपनी के हित में भी होगा।''

तब तक अजीम प्रेमजी, जो विप्रो का नेतृत्व करने के बारे में स्वयं पर संदेह कर रहे थे, आश्वस्त हो गए। उन्होंने मन-ही-मन प्रतिज्ञा की, 'भले ही मैं इस कंपनी को चलाने में सक्षम हो पाऊँ या नहीं, प्रश्न यह नहीं है। मुझे इस व्यक्ति की खातिर, जिसने आलोचनात्मक ढंग से यह बताया कि मैं एक सफल लीडर नहीं बनूँगा, कंपनी का नेतृत्व भली प्रकार करना ही होगा।'

यह एक अलग कहानी है कि वाडिया द्वारा अजीम प्रेमजी को विप्रो के अध्यक्ष के रूप में चुने जाने का विरोध करने से हलकी-फुलकी प्रतिक्रिया हुई; परंतु इस विरोध ने अजीम प्रेमजी के लिए एक लक्ष्य जरूर निर्धारित

कर दिया। करन वाडिया के अंध विरोध से अजीम प्रेमजी को अपने भावी लक्ष्य के बारे में सोचने के लिए मजबूर होना पड़ा।

उसी बैठक के दौरान उन्होंने कहा, ''मैं तुम्हारे प्रति विरोध को स्वीकार करता हूँ। लेकिन मौखिक रूप से उत्तर देने की बजाय मैं अपने कार्यों के मार्फत इसे सिद्ध करूँगा। मेरे लिए इस उत्तरदायित्व से मुँह मोड़ने का कोई प्रश्न ही नहीं उठता।''

करन वाडिया ने सोचा कि अजीम प्रेमजी उसकी दबाव की नीतियों की वजह से अपनी पदवी छोड़ देंगे। परंतु उसने कभी यह नहीं सोचा था कि यह उनके लिए प्रेरणादायी कारक बन जाएगा और उनकी आकांक्षा को और अधिक मजबूत बना देगा। अजीम प्रेमजी, जो तब तक कंपनी के मामलों को हिचकिचाहट के साथ संचालित कर रहे थे, ने उन्हें अधिकारपूर्वक सँभालना शुरू कर दिया। मौजूदा कारोबार को सुधारने के साथ-साथ उन्होंने उन नए कारोबार के अवसरों पर प्रयास करना आरंभ कर दिया, जो उसके मार्ग में आए। एक तरह से अजीम प्रेमजी की बुद्धि-शुद्धि करने का श्रेय करन वाडिया को ही जाना चाहिए। उसके द्वारा अजीम प्रेमजी को बार-बार उकसाने के कारण ही उन्हें अपने कारोबार को वनस्पति से कंप्यूटर सॉफ्टवेयर तक फैलाने में मदद मिली।

अजीम प्रेमजी के लिए जो पहली और महत्त्वपूर्ण जिम्मेदारी प्रतीक्षा कर रही थी, वह यह समझने की थी कि विप्रो कैसे चल रही थी और कैसा काम कर रही थी ?

विप्रो तब तक एम.एच. प्रेमजी के संपूर्ण नेतृत्व में काम कर रही थी। उन्होंने कभी भी अजीम प्रेमजी के साथ तकनीकी सूक्ष्म भेदों या अन्य संबंधित मामलों के बारे में आपस में बातचीत नहीं की थी।

हालाँकि उनकी यह इच्छा थी कि अजीम प्रेमजी ही उनके पश्चात् विप्रो की बागडोर सँभालें, परंतु कंपनी के मामलों के बारे में उन्होंने कभी भी उनसे चर्चा नहीं की। शायद उन्होंने इसे तब तक मुल्तवी रखना चाहा

होगा, जब तक अजीम प्रेमजी अपना अध्ययन कार्य समाप्त न कर लें। यह एक बहुत बड़ी कमी साबित हुई और इससे अजीम प्रेमजी को काफी कठिनाई का सामना करना पड़ा।

यद्यपि प्रेमजी को यह विश्वास था कि यदि वे मामलों का बारीकी से अवलोकन करेंगे तो प्रत्येक चीज को समझने में जल्दी ही कामयाब हो जाएँगे। उन्होंने आरंभ से ही उन वरिष्ठ कार्मिकों के साथ आपसी तालमेल रखा, जो काफी अनुभवी थे और जिन्होंने उनके पिता के अधीन काम किया था। इससे उन्हें विप्रो की विभिन्न परियोजनाओं और उसके कारोबारी संबंधों को समझने में मदद मिली।

अपनी पूर्व अवस्थाओं की तुलना में विप्रो ने अजीम प्रेमजी के पदभार ग्रहण करने से पहले ही असाधारण प्रगति कर ली थी। उसकी तात्कालिक वास्तविक कीमत लगभग 7 करोड़ रुपए थी।

सन् 1965 तक 7 करोड़ की राशि एक बहुत बड़ी राशि थी। परंतु यदि कंपनी अपनी आय और व्यय के स्रोत का हिसाब नहीं रखती तो पूर्ण राशि के पलक झपकते ही समाप्त होने का जोखिम बन सकता था।

विप्रो के सभी महत्त्वपूर्ण उत्पादों के लिए प्रगुख अवयव साल बीजों को सीधा किसानों से प्राप्त किया जाता था। इन बीजों को मिलों में पेरा जाता था और उनसे तेल निकाला जाता था। विप्रो द्वारा कुछेक अन्य उत्पाद भी निर्मित किए जाते थे। ये सभी उत्पाद ग्राहकों तक विभिन्न व्यापारियों के मार्फत पहुँचते थे। इस तरह वे व्यापारी ही विप्रो के प्रत्यक्ष ग्राहक थे।

इसके बाद अजीम प्रेमजी ने अमलनेर के कारखाने के काम और तौर-तरीके को जानने की इच्छा प्रकट की, जहाँ पर लगभग 350 व्यक्ति काम कर रहे थे। वे अमलनेर में ही रहने लगे, ताकि कारखाने की दिन-प्रतिदिन की कार्य-प्रणाली को प्रत्यक्ष रूप से देख व समझ सकें। इससे उन्हें अपने कामगारों के साथ घुलने-मिलने और तालमेल बनाने का अवसर मिल गया।

इस प्रकार, विप्रो की गतिविधियों का बारीकी से अवलोकन करने और विश्लेषण करने के बाद प्रेमजी उन्हें अच्छी तरह से समझ गए। खाद्य तेल एवं अन्य उत्पादों को निर्मित करने की प्रक्रियाएँ और विधियाँ, उनका विपणन और विक्रय उससे भी ज्यादा जटिल थे, जितना उन्होंने सोचा था।

अजीम प्रेमजी को तब यह प्रत्यक्षत: महसूस हुआ कि उनके पिता एम.एच. प्रेमजी द्वारा शुरू किए गए इस कारोबार को चलाना कितना कठिन काम था। इसलिए आगे सुधार और विकास के लिए कठिन परिश्रम की आवश्यकता होगी।

यद्यपि अजीम प्रेमजी कठिन कार्य करने के लिए तैयार थे, परंतु बड़ी चुनौती उपलब्ध समय को बरबाद किए बिना इसे सही ढंग से उपयोग करने की थी।

ऐसा इसलिए था, क्योंकि अजीम प्रेमजी ने कोई प्रबंधन अध्ययन नहीं किया था। उनके पिता ने भी यह सबकुछ उन्हें नहीं सिखाया था। इसलिए उन्हें व्यापार को शुरू करने और चलाने के प्रारंभिक स्तर पर ही दुविधा हो रही थी।

वास्तव में अजीम प्रेमजी के पिता और उनके दादा ने कंपनी के प्रशासन के क्षेत्र में कोई अध्ययन या विशिष्टता प्राप्त नहीं की थी, परंतु उनके अनुभव ने ही उन्हें वह ज्ञान प्रदान किया और बहुत सारी चीजें सिखाईं। उसी अनुभव के आधार पर वे परिस्थिति के अनुसार चातुर्यपूर्ण निर्णय लेने में कामयाब रहे थे।

परंतु यदि अजीम ने उनकी तकनीक का अनुसरण करने का प्रयास किया तो उन्हें कंपनी के मामलों की जानकारी के बिना अपनी इच्छानुसार निर्णय लेने होंगे; जो जोखिम भरा हो सकता था।

इन कारकों का विश्लेषण करने के बाद अजीम प्रेमजी इस निष्कर्ष में पहुँचे—चूँकि उनके पास नियमित रूप से कॉलेज में जाने और एम.बी.ए. पाठ्यक्रम करने का समय नहीं है, इसलिए उन्होंने एम.बी.ए. विद्यार्थी के

लिए जरूरी सभी पुस्तकों को खरीदकर काम के साथ-साथ स्वयं अध्ययन करने का निर्णय लिया।

यह लगभग दूरस्थ शिक्षा के मार्फत पढ़ने जैसा था। अजीम प्रेमजी का विश्वास था कि प्रशासन और प्रबंधन के क्षेत्र में अध्ययन करके और ज्ञान प्राप्त करके वे अपने अनुभव की कमियों को दूर कर पाएँगे।

परंतु फिर भी दुविधा यह थी कि बाजार में उपलब्ध अनेक पुस्तकों में से किसका चयन किया जाए? उन्हें यह समझ में नहीं आ रहा था कि किस पुस्तक का चयन किया जाए और किसे छोड़ दिया जाए। उन्हें उन पुस्तकों की पहचान करना मुश्किल हो रहा था, जो उनकी आवश्यकताओं को पूरा कर सकें।

इससे भी अधिक प्रेमजी के लिए चिंता का कारण यह था कि वे इन पुस्तकों को पढ़ने के लिए अलग से समय नहीं दे सकते थे। इसका कारण यह था कि कंपनी से संबंधित समस्याएँ पहले से ही इतनी अधिक थीं कि उनके पास जरा भी समय नहीं बचता था।

इसीलिए अजीम प्रेमजी बिना समय बरबाद किए जोर-शोर से काम करने लगे। इन परिस्थितियों के मद्देनजर वे गलत पुस्तकों को पढ़कर अपना समय अनावश्यक रूप से बरबाद नहीं करना चाहते थे।

इसीलिए वे '30 दिन में सीखें कंपनी प्रशासन' जैसी पुस्तकों को पढ़ना चाहते थे, जो उनके लिए उपयोगी हो सकती थीं। वे अपरिचित और विदेशी शब्दों के साथ पाठकों को भयभीत कर देनेवाली पुस्तकों की बजाय ऐसी पुस्तकें पढ़ना चाहते थे, जिनमें व्यापक अध्ययन और प्रयोगात्मक उदाहरण हों। यद्यपि उनकी आवश्यकताएँ औचित्यपूर्ण थीं, परंतु उन्हें यह समझ में नहीं आ रहा था कि वे ऐसी अच्छी और आदर्श पुस्तकों को किस तरह से हासिल करें।

अजीम प्रेमजी को यह लगा कि स्वयं ऐसी पुस्तकें प्राप्त करना उनके लिए संभव नहीं होगा। इसलिए इस संबंध में अनावश्यक तौर से पुस्तकों

की दुकान में जाने की बजाय उन्होंने एक विशेषज्ञ से परामर्श करने का निर्णय लिया।

वे मुंबई में एक प्रोफेसर से मिले, जो एक लोकप्रिय संस्थान में प्रबंधन व अध्यापन का कार्य कर रहे थे। उन्होंने उस प्रोफेसर से अपनी समस्याओं के बारे में विस्तार से चर्चा की और उन्हें ऐसी पुस्तकों का सुझाव देने की प्रार्थना की, जो उनके कंपनी प्रबंधन के लिए सहायक हों।

ध्यान से सुनने के बाद प्रोफेसर ने उन्हें ऐसी पुस्तकों की एक सूची दी, जो एक नए उद्यमी के लिए प्रत्येक तरीके से लाभदायी हों। अजीम प्रेमजी ने सभी पुस्तकों को खरीदा और उन्हें अपने कमरे में सुव्यवस्थित ढंग से लगाया।

ढेर सारी पुस्तकें खरीदना और उन्हें पुस्तकों के सेल्फ में कलात्मक ढंग से सजाना आसान है, परंतु उन्हें पढ़ने के लिए समय निकालना कठिन था।

अजीम प्रेमजी के साथ भी कुछ इसी प्रकार की समस्या थी। पूरा दिन कारखाने या कार्यालय में लगा देने के बाद वे बुरी तरह से थक जाते थे। इसलिए जब वे अपने कमरे में वापस आते तो विश्रांति एवं नींद से घिर जाते थे। बैठकर पुस्तक पढ़ने का मन नहीं करता था।

परंतु वे जानते थे कि यदि उन्होंने थोड़ी सी भी ढिलाई बरती तो उनकी कंपनी हमेशा के लिए निद्रालीन हो जाएगी। इसलिए स्व-प्रेरणा द्वारा उन्होंने अपनी पूरी थकान व अशक्तता को दूर भगाया और गंभीरता से अध्ययन करना आरंभ कर दिया। वे रात में देर तक पढ़ते थे और इसे जारी रखने के लिए सुबह भी जल्दी उठ जाते थे। उसके पश्चात् वे कार्यालय और कारखाने की दैनिक समस्याओं एवं चुनौतियों का सामना करने के लिए तैयार होते थे। उन्होंने प्रोफेसर द्वारा सुझाई गई पुस्तकों को गहन रुचि के साथ पढ़ा और उन पाठों, नियमों एवं विधियों को रेखांकित किया, जिनका उन्हें अपने कारोबार में अनुसरण करना था। उन्होंने गंभीरता से

उनका अनुसरण किया।

कोई शंका जाहिर कर सकता है कि क्या संबंधित पुस्तकों को पढ़ने मात्र से कोई कुशल प्रबंधक या प्रशासक बन सकता है ? परंतु उन परिस्थितियों में अजीम प्रेमजी के पास सैद्धांतिक ज्ञान पर निर्भर रहने के अलावा दूसरा कोई चारा नहीं था। उन्हें कोई ऐसा भरोसेमंद व्यक्ति नहीं मिल पा रहा था, जिसे कंपनी की जिम्मेदारी सौंपकर वे अपनी एम.बी.ए. की पढ़ाई पूरी करने के लिए विदेश जा सकें।

इसलिए पुस्तकें ही अजीम प्रेमजी की स्थायी निजी शिक्षक और परामर्शदाता बन गईं। आज भी पुस्तकों को अपना निजी शिक्षक मानने की उनकी आदत बनी हुई है। अपनी पढ़ने की आदत का उल्लेख करते हुए वे कहते हैं, ''यदि मैं सप्ताह में निर्धारित घंटों के लिए पुस्तकें नहीं पढ़ता, तो मुझे ऐसा प्रतीत होता है मानो मैं पठन-पाठन की प्रक्रिया में कहीं निष्क्रिय हो चुका हूँ।''

अजीम प्रेमजी के बारे में एक मजेदार बात है, जिसका यहाँ पर उल्लेख किया जाना जरूरी है। अपने भाषणबाजी कौशलों के लिए विख्यात अजीम प्रेमजी के व्याख्यान के विषयों में प्राय: संख्याएँ एवं सूचियाँ अंतर्निहित होती हैं, जैसे—'सफल उद्यमी बनने के आठ तरीके', 'जीवन में दस महत्त्वपूर्ण पाठ', 'विद्यार्थियों के लिए पाँच नियम' इत्यादि।

अजीम प्रेमजी के अनुसार, ''इसका कारण यह था कि जब किसी सामग्री को प्रसंगों में बाँट दिया जाता है और उसका विश्लेषण कर दिया जाता है तो वह समझने में आसान हो जाती है।'' जैसे हम किसी पुस्तक को पढ़ते समय खास प्रसंगों को नोट करते जाते हैं, उसी प्रकार अजीम प्रेमजी भी उन सभी प्रसंगों को स्पष्ट और क्रमवार नोट करते थे, जो उन्हें बोलने होते थे। यह एक वक्ता का महत्त्वपूर्ण गुण है, जिसका सभी को अनुसरण करना चाहिए।

अजीम प्रेमजी ने प्रोफेसरों के मार्ग-निर्देशन के अंतर्गत नहीं पढ़ा।

उन्होंने स्वयं संबद्ध पुस्तकों को पढ़कर ज्ञान अर्जित किया। इससे बड़ा फायदा हुआ, क्योंकि आरंभ से ही उनमें कारोबार की योजनाओं के आधुनिक तरीकों के मुताबिक स्वयं को ढालने की योग्यता थी। संदिग्ध होने और हिचकिचाहट करने की बजाय वे किसी भी नई चीज का अनुभव लेने के लिए सदा तैयार रहते हैं। वे कभी भी अंधविश्वासों और पुरानी प्रथाओं पर विश्वास नहीं करते।

इस प्रकार उन्होंने पुस्तकों में पढ़े प्रबंधन के आधुनिक दर्शन की विप्रो की वर्तमान स्थिति के साथ तुलना की और उसका विश्लेषण किया। इससे उनकी आँखें खुल गईं। इस तुलना और विश्लेषण के फलस्वरूप उन्हें अनेक महत्त्वपूर्ण सच्चाइयों का पता चला—

- लाभ के हिसाब से कंपनी काफी अच्छी चल रही थी, परंतु प्रशासन की दृष्टि से कोई अनुशासन नहीं था।
- कंपनी की क्रियाशीलता और प्रशासन में वैज्ञानिक तरीकों की कमी थी।
- व्यक्तिगत प्रबंधकों के अंतर्गत अनेक प्रभाग काम कर रहे थे। यदि इनमें से किसी व्यक्ति ने नौकरी छोड़ दी तो कंपनी को काफी घाटा हो सकता था।
- आखिरी उपभोक्ताओं तक परिष्कृत उत्पादों को पहुँचाने के प्रत्येक चरण में अनेक बिचौलिए थे। इससे केवल पैसे की बरबादी होती थी और किसी को फायदा नहीं पहुँचता था।
- विप्रो के उत्पादों को ग्राहकों की आवश्यकताओं और योजनाओं के मुताबिक संशोधित नहीं किया जाता था।
- सारांश में, इस अवस्था में विप्रो सतत विकास के लिए तैयार नहीं थी।

यद्यपि अजीम प्रेमजी स्पष्ट तौर से ऐसी बहुत सी चीजों के बारे में जान चुके थे, परंतु वे उनके बारे में चिंतित नहीं हुए। इसकी बजाय वे जिन

परिवर्तनों और परिवर्तन के तरीकों को लाना चाहते थे, उन्होंने उनकी रूपरेखा बनानी शुरू कर दी।

अजीम प्रेमजी कहते हैं, ''विप्रो को आकार देने में उन्हें 3 से 4 वर्ष लगे। ऐसे वक्त में जो उन्होंने आधुनिक प्रबंधन रणनीतियाँ चलाईं, वे भारतीय उद्योग जगत् के लिए काफी नई और नवीनतम थीं।''

प्रेमजी लिखते हैं—''नई रणनीतियों को अपनाने से काफी फायदा मिला।'' चूँकि किसी ने भी इन विधियों का पहले प्रयोग नहीं किया था, इसलिए भयभीत और हतोत्साहित करनेवाले उदाहरणों और नकारात्मक टिप्पणियों ने उनके लिए रुकावट पैदा नहीं की।

इसके अलावा, जब कोई प्रमुख परिवर्तन किए जाते हैं तो उस समय इससे किसी प्रकार का लाभ नहीं मिलता। इसलिए सफलता हासिल करना जरूरी हो जाता है। यदि समस्याएँ खड़ी होती हैं तो सुरक्षित पूर्व स्थिति में लौटने का कोई प्रश्न नहीं उठता। यह उसी तरह है जैसे—'केक बनाया है तो खाना भी पड़ेगा।' विजयी होने और सफलता हासिल करने के अलावा दूसरा कोई चारा नहीं है।

संक्षेप में, अजीम प्रेमजी अपने संगठन में ऐसे नए एवं नवीनतम परिवर्तनों को लागू करने और उनका अनुभव लेने के लिए पूर्णतया तैयार थे, जिनके बारे में एम.एच. प्रेमजी या उनके समकालीन धनी-मानी कारोबारियों ने कभी सोचा तक नहीं था।

ये बड़े परिवर्तन थे क्या?

जब उनके पिता का अचानक निधन हो गया तो उन्होंने ताजा परिस्थितियों पर विचार किया और कंपनी की जिम्मेदारी तत्काल सँभाल ली। यह उनके लिए बड़ा कठिन कार्य था। अनेक समस्याएँ सम्मुख थीं।

एम.एच. प्रेमजी ने सभी जिम्मेदारियाँ बिना दूसरों को बाँटे स्वयं ही सँभालीं और पूरी कीं। उन्होंने अपनी जिम्मेदारियों एवं उन जिम्मेदारियों को निभाने के तौर-तरीकों के बारे में कभी अधीनस्थों को नहीं बताया।

उन्होंने अपने उत्तराधिकारी की आम घोषणा नहीं की। उनकी कोई उपयुक्त योजना भी नहीं थी। किसी भावी आपातकाल के लिए उन्होंने कभी भी अपनी दूसरी पंक्ति के अधिकारियों को तैयार नहीं किया। इसीलिए उनके अचानक निधन पर उनके उत्तराधिकारियों को खुद ही हरेक चीज की जानकारी और सीख लेनी पड़ी। इससे कंपनी के कार्य निष्पादन में मंदी आई और उसके विकास में भी बाधा पड़ी।

इसी प्रकार, विप्रो में श्रमिकों से लेकर बिक्री अधिकारी तक कार्यरत सभी कार्मिक लापरवाह और व्यवहार में आलसी थे। वे अपने ज्ञान को उद्योग में दूसरों को बताने या बाँटने के लिए तैयार नहीं थे। इससे ऐसी स्थिति आ गई थी कि कंपनी केवल कुछ ही प्रतिभाशाली व्यक्तियों पर निर्भर होकर रह गई थी।

यदि ये प्रतिभाशाली व्यक्ति भविष्य में विप्रो को छोड़ने का मन बना लें तो विप्रो का भविष्य क्या होगा? जो अग्निपरीक्षा आज अजीम प्रेमजी को देनी पड़ रही थी, वही कल उन व्यक्तियों को भी देनी पड़ेगी, जो ऐसे कार्मिकों से जिम्मेदारी सँभालेंगे। इसलिए उन्होंने जो पहला निर्णय लिया, वह था कंपनी की निर्भरशीलता की स्थिति में परिवर्तन लाना, जहाँ पूरा संगठन किसी एक व्यक्ति पर ही निर्भर करता था। वे तुरंत इस कार्य में लग गए।

इसके लिए कारखाने से लेकर परिष्कृत उत्पादों की बिक्री तक प्रत्येक विभाग के महत्त्वपूर्ण संविभागों की जानकारी ली गई। ऐसे विभागों के जिम्मेदार अफसरों की ड्यूटियों और उन ड्यूटियों को निष्पादित करने के तरीकों को रिकॉर्ड किया गया।

इसके अलावा 'उत्तराधिकारी योजना', जो प्रत्येक अधिशासी पद के लिए उत्तराधिकारी की योजना बनाने और निर्णय लेने में सहायक थी, अनिवार्य कर दी गई।

उदाहरण के तौर पर, किसी मशीन के प्रति जिम्मेदार व्यक्ति दूसरे

व्यक्ति को अपनी मरजी से चुन सकता था, जो उसकी अनुपस्थिति में काम करने के लिए जिम्मेदार रहेगा अथवा वह प्रबंधक या पर्यवेक्षक के साथ चर्चा करने के बाद उस व्यक्ति का चयन कर सकता है। अपने उत्तराधिकारी के चयन के बाद उस व्यक्ति को सभी पहलुओं में काम में लगाए रखना और प्रशिक्षित करना उसी की जिम्मेदारी होगी।

इससे निश्चित कार्यों को करने के लिए विप्रो का किसी व्यक्ति विशेष पर निर्भर रहने का जोखिम कम हो गया। यदि ऐसी स्थिति पैदा हो जाए, जब किसी पदधारी की अचानक मृत्यु हो जाए या वह सेवानिवृत्त हो जाए, तो उसका उत्तराधिकारी तुरंत उसकी जिम्मेदारी को सँभाल सकता है और विभाग का कार्य सुचारु रूप से चल सकता है। प्रेमजी की इस नवीनतम योजना से विप्रो की भावी उपलब्धियों की मजबूत नींव तैयार हो गई। कई मौकों पर महत्त्वपूर्ण प्रबंधकों एवं पर्यवेक्षकों को अचानक विप्रो को छोड़ना पड़ा। ऐसी परिस्थिति में संगठन को उच्च तीव्रता के भूकंप के झटके सहन करने की बजाय केवल हलके-फुलके झटकों जैसी प्रतिक्रिया से दो-चार होना पड़ा।

प्रेमजी ने विप्रो में जो एक और नई विधि चलाई, वह थी संख्या के आधार पर अपने कर्मचारियों के कार्य-कौशल का विश्लेषण करना।

उदाहरण के तौर पर यदि अजीम प्रेमजी यह पूछते हैं, ''वनस्पति की बिक्री कैसी चल रही है ?'' तो इसका उत्तर 'ठीक' या 'बहुत अच्छी' नहीं होना चाहिए। इसके बजाय उत्तर देने से पहले उन टिप्पणियों को संख्याओं में परिवर्तित करना चाहिए—

- अधिकारियों को उस महीने में बेचे गए टिनों की सही संख्या बतानी होगी।
- उन्हें अजीम प्रेमजी को विभिन्न क्षेत्रों में बिक्री की गई वनस्पति की संख्याओं के बारे में बताना होगा।
- उन्हें पूर्व महीने की तुलना में बिक्री के अंतर को प्रतिशत में देना होगा।

- अंत में, उस अधिकारी द्वारा व्यय की कमी की प्रतिशतता भी देनी होगी।

इस तरह से प्रेमजी ने प्रत्येक चीज की रिपोर्ट संख्याओं के आधार पर देने पर जोर दिया। इससे प्रत्येक व्यक्ति की, कहीं भी, विप्रो से संबंधित किसी भी सूचना को—सहायक आँकड़ों के साथ पेश करने की आदत-सी बन गई।

पुरानी विधियों की तुलना में इस विधि में महत्त्वपूर्ण लाभ यह था कि समस्या का तुरंत पता चल जाता था। यदि किसी विशेष उत्पाद की किसी विशेष क्षेत्र में कम बिक्री हुई हो तो इसके बारे में वर्ष के अंत में पता चलने की बजाय तुरंत ही पता चल जाना अच्छा रहता था। इससे कंपनी को तुरंत एकांतर परिवर्तन लाने में मदद मिलती थी। इसके अतिरिक्त जब संख्याओं में रिपोर्ट दी जाती थी तो कोई भी तथ्यों को छुपा नहीं पाता था। प्रत्येक चीज जानकारी में आ जाती।

इस विधि की क्षमता को समझने के बाद अजीम प्रेमजी ने एक नई योजना आरंभ की। उन्होंने अपने कार्मिकों व प्रबंधकों के बीच उनके द्वारा प्रस्तुत किए गए आँकड़ों के आधार पर एक लाभप्रद प्रतियोगिता आरंभ की।

उदाहरण के तौर पर, कल्पना करें कि आप और मैं विप्रो के बिक्री विभाग में काम कर रहे हैं। किसी विशेष माह में आप वनस्पति के 50 टिन बेचते हैं, जबकि मैं केवल 15 टिन ही बेच पाता हूँ।

जब यह सूचना प्रेमजी के पास पहुँचती है तो वे मुझे कार्यालय में बुलाते हैं। वे मुझसे पूछते हैं, ''आप भी उतने ही प्रतिभाशील और अनुभवी हैं जितना कि वह है। तब आप उतने टिन क्यों नहीं बेच पाते, जितने वह बेचता है?''

प्रसंग यह है कि प्रेमजी इस परिस्थिति में मुझे नाराज नहीं कर रहे हैं। वे मुझे नतीजों का डर नहीं दे रहे हैं, बल्कि सीधे-सादे तरीके से उसकी व

मेरी तुलना करते हैं और मुझमें प्रतियोगितात्मक गुण प्रवृत्त कर देते हैं।

मेरी क्या प्रतिक्रिया होगी ? मैं अपने आपको पूरी तरह से व्यक्त और समर्पित रखूँगा और आगामी महीने में 55 टिन बेचने की कोशिश करूँगा तथा अपनी क्षमता का अधिक-से-अधिक उपयोग करूँगा। आपको भी उतने ही टिन बेचने होंगे।

इसके बाद प्रेमजी पहलेवाले को अपने कार्यालय में बुलाते हैं और वही प्रतियोगितात्मक तकनीकी खेल खेलते हैं। दूसरे महीने वह मुझसे आगे निकल जाने की कोशिश करता है।

इस प्रकार प्रेमजी ने विप्रो में सभी स्तरों पर लाभप्रद प्रतियोगिता शुरू कराई और उसे बढ़ावा दिया। आँकड़ों और संख्याओं पर आधारित निष्पादकों की उनकी तुलना और सराहना से काफी बड़ी सफलता मिली। इससे वांछित परिणाम मिले।

अजीम प्रेमजी के पिता एम.एच. प्रेमजी अकेले ही कारखाने के प्रशासन से लेकर कंपनी के विभिन्न विभागों की देखभाल करते थे। परंतु अजीम प्रेमजी, जिन्होंने यह अनुमान लगाया कि इस प्रकार की स्थिति से काफी समस्याएँ पैदा हो सकती थीं, इसलिए उन्होंने विभिन्न पदों और जिम्मेदारियों के लिए प्रतिभाशाली व्यक्तियों का चयन आरंभ कर दिया।

यहाँ महत्त्वपूर्ण बात यह है कि अजीम प्रेमजी ने महत्त्वपूर्ण पदों पर अपने परिवार के सदस्यों को नहीं रखा। उनके परिवार के किसी भी सदस्य ने विप्रो में कोई पद ग्रहण नहीं किया।

आज तक अजीम प्रेमजी अकेले ही काम कर रहे हैं; हालाँकि विप्रो के अधिकांश शेयर उनके परिजनों के नाम हैं। अपके परिवार से वे अकेले 'बोर्ड ऑफ डायरेक्टर्स' में हैं। अजीम प्रेमजी किसी भी व्यक्ति को खूनी रिश्ते या अपने नजदीकी रिश्ते के आधार पर नौकरी में नियुक्त करने के बारे में काफी दृढ़ हैं।

इसके अलावा, उस दौरान प्रेमजी के परिवार से मुश्किल से ही कोई

व्यक्ति था, जो कारोबार में उनकी मदद कर सकता था। इसलिए बाहर से योग्य व्यक्ति की तलाश करना उनकी मजबूरी भी थी।

प्रेमजी ने इस उद्‌देश्य की पूर्ति के लिए अनेक प्रबंधन कॉलेजों का दौरा किया, जिनमें आई.आई.एम. (भारतीय प्रबंधन संस्थान) भी शामिल है। उन्होंने अनेक प्रतिभाशाली युवकों से संपर्क किया और व्यक्तिगत रूप से उनकी प्रतिभा व योग्यता की जाँच की।

जिस किसी का प्रेमजी द्वारा साक्षात्कार लिया गया, उसने उनकी शांत प्रकृति और मिलनसारिता की तारीफ की। कोई भी व्यक्ति चाहे कितना ही प्रतिभाशाली क्यों न हो, भले ही वह विद्यार्थी हो या अनुभवी व्यक्ति, वे एक ही बार में उससे प्रभावित नहीं होते। वे पहले दीर्घकालिक उत्तरदायित्वों की जाँच करते हैं और उन्हें निभाने के लिए अपेक्षित प्रमाणों को नोट करते हैं। उसके बाद वे यह छानबीन करते हैं कि क्या उनके सामने बैठा व्यक्ति इसके लिए उपयुक्त है ? और तभी वे उस व्यक्ति का उस नौकरी के लिए चयन करते हैं।

इसी वजह से प्रेमजी द्वारा लिये जानेवाले साक्षात्कार घंटों तक चलते रहते हैं। उनके मुताबिक, 'सही प्रतिभा और क्षमता की खोज करने में इतना समय खर्च करना गलत नहीं है।'

अनेक व्यक्ति, जो विप्रो में नौकरी की तलाश में आए, केवल प्रबंधक के पद के लिए संचालित किए गए लंबे साक्षात्कारों को देखकर आश्चर्यचकित हो गए। कुछेक तो अजीम प्रेमजी की छानबीन से चिड़चिड़ा उठे।

परंतु वे यह नहीं जानते थे कि अजीम प्रेमजी अपने प्रबंधकों को पूरी स्वतंत्रता देते हैं, अर्थात् वे उन्हें मालिक के हाथ की कठपुतलियाँ बनाकर नहीं रखते थे। इसकी बजाय वे उन्हें इतना कुशल बनाना चाहते थे कि वे अपने विभागों को स्वतंत्र रूप से सँभाल सकें, स्वतंत्र निर्णय ले सकें और अपने प्रभागों को सफलतापूर्वक चला सकें।

इसकी तुलना उस स्थिति से की जा सकती है, जहाँ आप किसी अपरिचित व्यक्ति को अपने घर की चाबियाँ पकड़ा देते हैं। प्रेमजी ऐसे विश्वसनीय व्यक्ति कं पाने के लिए कठिन काम करते थे।

उनकी अपेक्षा के मुताबिक सक्रिय युवा का मिलना ज्यादा कठिन नहीं था। जल्दी ही एम.बी.ए. पास प्रतिभाशाली युवकों ने विप्रो के सभी स्तरों पर पद-भार ग्रहण कर लिया। इस प्रकार विप्रो में एक प्रबंधक की औसत आयु घटकर 28 वर्ष हो गई।

किसी कंपनी की बागडोर को युवा व्यक्तियों, जिनकी उम्र 30 वर्ष भी नहीं होती, को सुपुर्द करने के लिए काफी साहस की आवश्यकता पड़ती है। परंतु चूँकि स्वयं प्रेमजी भी एकदम युवा थे, इसलिए वे युवा व्यक्तियों को विप्रो में लाने के लिए दृढ़ संकल्प थे।

प्रेमजी द्वारा चयनित सभी तत्कालीन प्रबंधक युवा थे। उनके पास ज्यादा अनुभव नहीं था। परंतु उन सभी की अभिलाषा कुछ नया, आविष्कारी और महत्त्वपूर्ण चीज हासिल करने की थी। एक प्रकार से इन सभी लोगों ने अजीम प्रेमजी के चिंतन को साकार रूप दिया।

अर्थात् नई चीजों के लिए साहस के साथ प्रयास करना; यदि इसमें सफलता मिले तो अति उत्तम, यदि नहीं तो वे इससे एक सबक हासिल कर लेते थे और अपने आगामी प्रयोग में सावधानी बरतते थे। यही सफल रणनीति बार-बार विप्रो में सतत अग्रसारित की जाती थी।

अजीम प्रेमजी अपने युवा उद्यमियों की छोटी-मोटी गलतियों को बड़ा अपराध नहीं समझते थे। भले ही उनकी कुछ गतिविधियों से संगठन को कोई हानि उठानी पड़े, वे उसे अपने कारोबार में सीखे गए एक पाठ की तरह लेते थे। उन्होंने इस मनोवृत्ति को पूरी कंपनी में बढ़ावा दिया।

इस तरह से नए कारोबारी विचारों का अनुसरण करना अच्छी चीज थी। साथ में प्रेमजी यह भी ध्यान रखते थे कि किसी अनुभवी व्यक्ति की उपेक्षा भी न हो। इसलिए अपने युवा प्रबंधकों को वे अनुभवी लोगों के

तालमेल में रखते थे। उनके मार्गदर्शन में उन्होंने भावी पीढ़ी को अगले स्तरों के लिए तैयार किया।

इसी अवधि के दौरान प्रेमजी अनेक अनुभवी वरिष्ठ प्रबंधकों को विप्रो में ले आए। आश्चर्य की बात यह थी कि उनमें से अधिकांश प्रबंधक बड़ी-बड़ी कंपनियों में महत्त्वपूर्ण पदों पर काम कर रहे थे।

इस प्रकार, बड़े पदों को छोड़कर आखिर वे विप्रो जैसी छोटी कंपनी, जो अभी अपने प्रारंभिक चरण में थी, में क्यों आ गए थे?

इसमें अजीम प्रेमजी को उनके सौम्य व्यक्तित्व और विश्वसनीय ढंग से बातचीत करने की उनकी प्रतिभा से मदद मिली। कोई भी व्यक्ति कितना ही प्रभावशाली क्यों न हो, अजीम प्रेमजी को उससे बातचीत शुरू करने, उसे विप्रो के लक्ष्यों और भविष्य में इसकी अकल्पनीय ऊँचाइयों तक की पहुँच के बारे में विश्वास दिलाने में कुछ ही मिनट लगते थे।

यहाँ पर यह बता देना जरूरी है कि जो अजीम प्रेमजी ने किया, वह एक आत्म-प्रदर्शन भर नहीं था। वे यह अच्छी तरह से जानते थे कि कंपनी के बारे में जो विश्वास और निष्ठा उनके दिमाग में थे, उन्हें किस प्रकार से स्पष्ट एवं सकारात्मक ढंग से दूसरों तक संप्रेषित करके उनके मन में बिठाया जाए। इससे दूसरों के मन में यह भरोसा आ जाता था कि उनके पास किसी भी कार्य को आसानी से पूरा करने की क्षमता विद्यमान थी।

प्रत्येक व्यक्ति, चाहे वह विद्यार्थी हो या विशेषज्ञ, जिसने भी अजीम प्रेमजी के विप्रो के विचारों के साथ तालमेल रखा और भागीदारी की, उसी ने उनके साथ काम करने की इच्छा दिखाई। इससे अजीम प्रेमजी की अपेक्षा के अनुसार जल्दी ही एक कुशल टीम तैयार करने में मदद मिली।

अन्य दो चीजें जिन पर प्रेमजी ने ध्यान दिया, वे थीं—उत्पाद और बिक्री। उन्होंने विप्रो की उत्पाद और बिक्री की विधियों में आधुनिक प्रौद्योगिकी का सूत्रपात शुरू किया।

उदाहरण के तौर पर, किसानों से सीधे प्राप्त किए गए कृषि उत्पाद

की जाँच करने के लिए प्रतिनिधि रखे गए थे। इसलिए यदि कोई किसान अपने खेत में पैदा की गई मूँगफली को विप्रो को बेचना चाहे तो उसे पहले इस मूँगफली को विप्रो प्रतिनिधि के पास ले जाना पड़ता था। उसके बाद वे प्रतिनिधि उस मूँगफली को चखते थे और यह जाँच करते थे कि इसमें कितना तेल आएगा। उनकी रिपोर्ट के आधार पर मूँगफली की कीमत निर्धारित की जाती थी।

21वीं सदी की अनेक आविष्कारीय प्रौद्योगिकियों को देखते हुए हममें से अनेक को यह विचित्र लग सकता है; परंतु उस समय सभी इस आम प्रथा को मानते थे। जिस प्रकार हम भिंडी का चयन उसके ऊपरी सिरे को तोड़कर करते हैं, उसी प्रकार मूँगफली का चयन भी उन्हें चखकर किया जाता था।

अजीम प्रेमजी ने इस प्रथा को इसलिए नहीं अपनाया, क्योंकि यह लंबे समय से चल रही थी; बल्कि उन्होंने यह महसूस किया कि इस प्रथा में अनेक समस्याएँ थीं। साथ ही वे यह भी जानते थे कि मूँगफली के दानों को चखने मात्र से कोई व्यक्ति यह जाँच नहीं कर सकता कि उनमें कितना तेल निकलने वाला है। यह विधि वैज्ञानिक ढंग से स्थापित की गई विधि नहीं थी। यह पूर्ण रूप से उस व्यक्ति के अनुभव पर निर्भर करती थी, जो उसे चखता था।

चखने और कीमतें निर्धारित करने की ऐसी विधि पर कभी भी पूर्ण रूप से विश्वास नहीं किया जा सकता था और कोई भी यह कह सकता था कि ये कीमतें सही नहीं हैं। अगर कोई व्यक्ति इस प्रकार के आँकड़ों को एकत्रित कर भी ले, तब भी उन प्रतिनिधियों का निर्णय ही अंतिम माना जाता था।

इसके अलावा, जब इस प्रकार की महत्त्वपूर्ण जिम्मेदारियाँ किसी व्यक्ति को सौंपी जाती हैं तो ज्यादा संभावना यह रहती है कि वह अपनी शक्ति का दुरुपयोग कर सकता है। यह पता करना कठिन होगा कि कहीं

वह व्यक्ति किसी किसान से घूस लेकर उसके उत्पाद की कीमतें उच्च दरों पर तो तय नहीं कर रहा है। इस प्रकार की घटनाओं पर नियंत्रण रखना भी काफी कठिन होगा।

इस प्रकार के अनेक कारणों से अजीम प्रेमजी ने विप्रो में आधुनिक प्रौद्योगिकी का प्रयोग करने का निर्णय लिया। तदनुसार अनेक महत्त्वपूर्ण कार्यों को हाथ से करने की बजाय मशीन से किया जाना तय किया गया।

अर्थात् अब मूँगफली के दाने की जाँच किसी मनुष्य द्वारा करने और उसकी कीमत निर्धारित करने की बजाय उसकी गुणवत्ता को मशीन से जाँचा और प्रमाणित किया जाएगा। मशीनें उनमें डाले गए नमूनों की पिराई करके यह बताएँगी कि मूँगफली की किस विशेष किस्म से तेल की कितनी मात्रा निकल सकती थी।

नवीन एवं आविष्कारीय प्रौद्योगिकियों को आरंभ करने और उनका प्रभावकारी ढंग से उपयोग करने में जो उत्सुकता प्रेमजी ने दिखाई, उसने विप्रो की भावी वृद्धि में एक महत्त्वपूर्ण सोपान का काम किया।

सामान्य तौर पर जब कार्यों को मशीनों से किया जाने लगता है तो कंपनी के कार्मिकों पर इसका सबसे बुरा प्रभाव पड़ता है। इसे ध्यान में रखते हुए प्रेमजी ने पूरी सावधानी बरती कि उनके द्वारा लाए गए वैज्ञानिक आविष्कारीय परिवर्तनों से इन कार्मिकों के ऊपर किसी प्रकार का प्रभाव न पड़े। इसलिए उन्होंने अपने कर्मचारियों को इसके बारे में बहुत स्पष्ट और विश्वसनीय ढंग से बताया।

उन्होंने कभी भी उस नियोक्ता की तरह से बरताव नहीं किया, जो अपने कार्मिकों से दूरी बनाए रखता है। वे उनके साथ तालमेल रखते थे और प्राय: उनके साथ खाना भी खाया करते थे। इस प्रकार के पारस्परिक संबंधों के दरमियान वे उनके सुझावों व शिकायतों को ध्यान से सुनते थे और सही ढंग से मुद्दों का निपटान भी करते थे। इस प्रकार के पारस्परिक संबंधों ने उन्हें उनके कार्मिकों के बहुत नजदीक ला दिया।

इसका बहुत अच्छा उदाहरण एक घटना का वर्णन करके दिया जा सकता है। विप्रो का उत्पादन स्तर, जो पूरे वर्ष भर काफी ऊँचा रहता था, ग्रीष्मकाल के दौरान अचानक नीचे आ जाता था। इसका कारण कोई नहीं जानता था।

अजीम प्रेमजी ने इसका पता लगाने की जिम्मेदारी उठाई और इस बारे में प्रबंधकों, पर्यवेक्षकों और कार्मिकों से मिलना शुरू कर दिया। उन्होंने उस विशेष मौसम के दौरान कार्य करने के कौशल में कमी आने के कारणों की छानबीन शुरू कर दी।

इस छानबीन सत्र के दौरान कार्मिकों ने एक चीज के बारे में बताया—अमलनेर, जो एक गरम क्षेत्र था, ग्रीष्मकाल में और भी अधिक गरम हो जाता था। इससे कार्मिकों को काम के दौरान दिन भर खड़ा रहना कठिन हो जाता था। इसीलिए ग्रीष्मकाल के दौरान विप्रो का उत्पादन लक्ष्य कम हो जाता था।

इन तथ्यों को सुनिश्चित करने के लिए प्रेमजी तुरंत अमलनेर के लिए रवाना हो गए। न्यूनतम सुविधाओं और झुलसती गरमी में वे वहाँ पर तीन महीने रुके और कारखाने में स्थिति का विश्लेषण किया। तुरंत ही आवश्यक परिवर्तन कार्यान्वित किए गए।

प्रेमजी के प्रत्यक्ष और निराकरण विकल्पों की वजह से अच्छे परिणाम मिलने लगे। न केवल उस वर्ष में, बल्कि अगले ग्रीष्मकाल में भी विप्रो का उत्पादन स्तर कभी कम नहीं हुआ।

विप्रो के प्रबंधन में युवा व्यक्ति शामिल थे। कर्मचारियों के बीच एक लाभप्रद प्रतियोगिता आरंभ की गई थी, जिससे वे एक-दूसरे के सामने अपनी योग्यता को साबित करने की होड़ में रहते थे। आधुनिक प्रौद्योगिकी का अधिकतम प्रयोग किया जा रहा था और इससे कंपनी व कर्मचारी दोनों को फायदा हो रहा था। कार्मिकों और प्रबंधन के बीच अच्छे संबंध थे। इसके बाद क्या हुआ ?

विप्रो के अध्यक्ष का पद ग्रहण करने के बाद अजीम प्रेमजी ने पहली बार अपना ध्यान ग्राहकों की ओर लगाया। वे यह जानना चाहते थे कि उनकी क्या अपेक्षाएँ थीं और क्या कंपनी उनकी अपेक्षाओं को पूरा कर पा रही थी?

विप्रो द्वारा निर्मित तेल, वनस्पति और अन्य उत्पाद ग्राहकों तक सीधे नहीं पहुँच रहे थे। जैसाकि पहले ही बताया गया है कि करार केवल बिचौलियों के साथ किया गया था। अर्थात् विप्रो का असंतुष्ट और अपकृत ग्राहकों से किसी प्रकार का प्रत्यक्ष संपर्क नहीं था। अजीम प्रेमजी ने यह महसूस किया कि यह संपर्क अंतराल काफी खतरनाक था।

उन्होंने पुस्तकों में ग्राहकों की संतुष्टि के बारे में पढ़ रखा था और वे यह भी जानते थे कि जब तक कोई संगठन अपने ग्राहकों की पसंद के बारे में नहीं जानता, वह कभी भी ज्यादा समय तक बाजार में देर तक नहीं टिक सकता है। उन्होंने इस बारे में संबंधित मामलों का अध्ययन कर रखा था। इसलिए उन्होंने कारोबार में शामिल बिचौलियों को निकालने के लिए तरीके ढूँढ़ने शुरू कर दिए।

उन दिनों जो ग्राहक नजदीकी फुटकर दुकान से तेल खरीदना चाहता था, उसे तेल लेने के लिए बरतन साथ में ले जाना पड़ता था। वे 50 मि.ली. से लेकर कितनी भी मात्रा खरीद सकते थे। फुटकर विक्रेता थोक विक्रेताओं से बड़े टिन खरीदा करते थे और अपने ग्राहकों को छोटी मात्रा में बेचा करते थे।

वर्षों से चल रही इस प्रणाली के अपने लाभ और कई हानियाँ थीं—गरीब परिवार के किसी व्यक्ति या मजदूरी करनेवाले व्यक्ति के पास महीने भर के लिए तेल खरीदने के लिए पर्याप्त पैसे नहीं हो सकते हैं। उस हालत में वह प्रतिदिन के हिसाब से तेल खरीदना पसंद करेगा। यदि दुकानदार ग्राहक से परिचित है तो वह उसे उधार में भी दे सकता है।

परंतु इस प्रकार के छोटे लाभ से ग्राहकों का काफी पैसा बरबाद हो

जाता था। उदाहरण के लिए, 10 रुपए प्रति लीटर की दर से निर्मित तेल अनेक बिचौलियों के हाथ से गुजरता था और उन सभी को अच्छा-खासा मुनाफा देता था। अंत में जब वह आखिरी ग्राहक के पास पहुँचता था तो इसका मूल्य प्रति लीटर 30 रुपए तक पहुँच जाता था।

प्रेमजी को यह व्यवस्था सही नहीं लगी। इसका निर्माता विप्रो है, विक्रेता एक दुकानदार और ग्राहक, जो इस उत्पाद को खरीदता व प्रयोग करता है, वह देश के किसी कोने में रहनेवाली कोई गृहिणी है। दूसरा, इसका कोई आश्वासन नहीं था कि तेल का सुरक्षित और स्वास्थ्यप्रद ढंग से भंडारण किया जाएगा। उन दिनों यदि दुकानदार ने मिलावटवाला तेल बेच भी दिया तो उस धोखाधड़ी को पकड़ने की कोई उचित व्यवस्था नहीं थी।

इन सब कारणों से प्रेमजी ने यह निर्णय लिया कि इस प्रक्रिया में भी आधुनिक तरीके की आवश्यकता थी। उन्होंने विप्रो के उत्पाद को सीधा लोगों तक पहुँचाने और अनावश्यक हस्तक्षेप को दूर करने की उत्कृष्ट प्रणाली खोज निकाली।

आज के प्रबंधन विशेषज्ञ इसे 'व्यापक विपणन के लिए पैकेजिंग' कहते हैं, अर्थात् वस्तुओं को व्यापक बाजार-माँग के अनुसार पैक करना। यहाँ पर 'पैकिंग' शब्द का अर्थ साहित्यिक अर्थों में नहीं लिया जाना चाहिए और किसी को वस्तु को साफ तरीके से बंद करके उसे पार्सल करना नहीं समझना चाहिए। इस शब्द का अर्थ है—उत्पादों को आखिरी ग्राहक की आवश्यकतानुसार विपणन करना।

उदाहरण के लिए, कोई गृहिणी फुटकर दुकान से कितने तेल की मात्रा खरीदेगी ?

यह मात्रा 50 मि.ली. से लेकर 1 लीटर तक हो सकती है।

यदि ग्राहकों की ऐसी माँग है तो हमें केवल 20 लीटर और अधिक लीटर क्षमता के टिनों का ही निर्माण क्यों करना चाहिए ? प्रेमजी ने स्वयं से पूछा। इन बड़े टिनों की बजाय यदि छोटी मात्रा के पैकेट शुरू कर दिए

जाएँ तो ग्राहकों को वही मात्रा खरीदने में आसानी होगी, जो वे खरीदना चाहते थे।

आज देश में जो थैली की प्रथा प्रचलित है, वह इसी योजना का विस्तार है। ग्राहक को उसकी सामर्थ्य के मुताबिक खरीदने की सुविधा होनी चाहिए।

प्रेमजी इस व्यापक बाजार और भारत के ग्राहकों की आवश्यकताओं के बारे में भलीभाँति जानते थे। तदनुसार विप्रो उन कुछेक कंपनियों में एक थी, जिन्होंने थैली की नई प्रथा चलाई थी।

इस तरह से विप्रो द्वारा निर्मित तेल एवं अन्य उत्पाद हाथ की मशीनों द्वारा थैलियों में बंद कर दिए जाते थे। पैकेजिंग के इस स्वास्थ्यप्रद तरीके को लोगों ने खूब सराहा। इससे विप्रो उत्पादों की विक्रय सीमा का विस्तार करने में मदद मिली और लाभ आना शुरू हो गया।

इसी वजह से अजीम प्रेमजी ने विप्रो में विपणन एवं बिक्री प्रभाग बनाए। अनेक चीजें, जो स्वाभाविक तौर पर की जा रही थीं (या ऐसा सोचा जाता था), अब वैज्ञानिक ढंग से संचालित की जाने लगीं। प्रत्येक व्यक्ति की जिम्मेदारियों और सीमाओं को स्पष्ट ढंग से तय कर दिया गया था। प्रत्येक पद के लिए प्रतिभाशाली एवं कुशल लोगों को भरती किया गया।

विप्रो के उन दिनों के परिवर्तनों के लिए जो मूल मंत्र प्रेमजी ने दिया, वह था 'प्रश्न करने का साहस।' उदाहरण के तौर पर—

- हमारे उत्पादों के निर्माण के लिए आवश्यक प्रमुख अवयव आप कहाँ से प्राप्त करते हैं? इसकी लागत क्या है? मूल्य-निर्धारण कौन करता है? हम इसका निर्णय किस प्रकार करते हैं?
- उत्पादन के लिए किन विधियों का प्रयोग किया जाता है? क्या यह सबसे अच्छी विधि है? क्या इस विधि को सुधारने की कोई गुंजाइश है? यदि हाँ, तो कैसे?

- हमारे ग्राहक कौन हैं ? क्या हमें उनकी पसंद का पता है ? क्या हम उनके मुताबिक आवश्यक परिवर्तन कर रहे हैं ?
- हमारे उत्पाद किस तरह से अंतिम प्रयोक्ता या ग्राहकों तक पहुँचते हैं ?
- ग्राहकों (थोक विक्रेताओं) द्वारा हमारे उत्पादों की कितनी मात्रा खरीदी जाती है ? वे हमसे कब खरीदते हैं ? वे भुगतान कब करते हैं ? भुगतान का माध्यम क्या है ?
- बाजार में आवश्यकता और माँग क्या है ? हमारी उत्पादन क्षमता और आपूर्ति कितनी है ? क्या माँग और आपूर्ति के बीच संतुलन है ?

इस प्रकार अजीम प्रेमजी का दर्शन कारोबार के बारे में बिना हिचकिचाहट के पूछना, किसी भी तरह की आशंका न छोड़ना, प्राप्त किए गए उत्तरों का विश्लेषण करना, निरंतर विकास करना और सुधार करना था।

तीन वर्ष तक कठिन कार्य करने के बाद अजीम प्रेमजी कुछ हद तक कारोबार को समझने में सक्षम हो गए। उनकी कंपनी ने अपने लाभ-स्तरों को बढ़ाना भी आरंभ कर दिया था।

परंतु अजीम प्रेमजी अपनी कामयाबी से चुप बैठनेवालों में से नहीं थे। वे समझ गए थे कि उन्हें अपने कारोबारी गियरों और दिशाओं को बदलने की जरूरत है।

□

अजीम प्रेमजी के करोबार गुण

हम सब अजीम प्रेमजी को केवल लोकप्रिय सॉफ्टवेयर कंपनी के अध्यक्ष के रूप में ही जानते हैं। परंतु क्या उनका जीवन वनस्पति और तेल के कारोबार के साथ आरंभ हुआ था?

हाँ! अजीम प्रेमजी ने अपना जीवन तेल के कारोबार के साथ शुरू किया था, परंतु इसमें कोई ढिलाई बरते बिना उन्होंने इसे चलाया। उनकी सफलता के कारण थे उनके प्रबंधन के नियम। ये नियम उनके कर्मचारियों की कार्य-कुशलता के बारे में की जानेवाली शंका पर नहीं, बल्कि उनके ऊपर किए जानेवाले पूर्ण विश्वास पर आधारित थे।

अर्थात् यह पता करने के लिए कि कोई व्यक्ति प्रतिभाशाली है या नहीं, साक्षात्कार द्वारा घंटों तक उसकी परीक्षा ली जाती थी। उसे अनेक नकली परिस्थितियाँ दी जाती थीं और उससे अपने ढंग से उन समस्याओं को सुलझाने के लिए कहा जाता था। यह सबकुछ भरती प्रक्रिया का एक भाग है। एक बड़ी कंपनी में ऐसा किया जाना एक सामान्य बात है।

परंतु किसी व्यक्ति की पूर्णरूप से छानबीन कर लेने और उसे पद के लिए चयनित कर लेने के बाद उसकी कार्य-कुशलता के बारे में कोई शक नहीं रहना चाहिए। उसे अपने विचारों को प्रयोग करने की पूर्ण स्वतंत्रता और प्रोत्साहन दिया जाना चाहिए। प्रेमजी का यह विश्वास था कि इससे कंपनी और व्यक्ति दोनों को ही लाभ मिलेगा।

यदि किसी व्यक्ति को एक बार प्रबंधक के पद के लिए चुन लिया जाता है और उस पद पर तैनात कर दिया जाता है तो उसे किसी विभाग या पूरे कारखाने के प्रबंधन की जिम्मेदारी सौंपी जा सकती है। ऐसा करने के बाद उसके कार्य पर निगरानी रखना अनावश्यक है। इससे केवल गलतफहमी पैदा होती है और दोनों के समय की बरबादी होती है।

अजीम प्रेमजी यह बात अच्छी तरह जानते थे। जब विप्रो केवल एक ही कारखाने के साथ काम कर रहा था और अपने उत्पाद को इसके अगल-बगल के एक या दो राज्यों में ही बेच रहा था, तब एम.एच. प्रेमजी या उनके पुत्र अजीम प्रेमजी आसानी से इसके मामलों का प्रबंधन कर लेते थे। परंतु जब विप्रो का विस्तार और विकास इतने बड़े पैमाने पर किया जाना हो तो इसके लिए ऐसे अनेक प्रतिभाशाली और कुशल लोगों की आवश्यकता थी, जो स्वतंत्र रूप से योजना बना सकें और तदनुसार कार्य कर सकें।

किसी कंपनी के तेजी से हो रहे विकास को देखकर खुशी होती है। परंतु कंपनी का प्रबंधन करनेवाले लोगों को इसकी वृद्धि को बरकरार रखने और व्यवस्थित रखने के लिए कठिन कार्य करना होता है। प्रेमजी ने इस सोच में परिवर्तन लाने का निर्णय लिया।

''विप्रो के विकास को कुछेक लोगों द्वारा निश्चित नहीं किया जाना चाहिए। हम सभी को इस बड़े कार्य में भागीदारी करनी चाहिए। हम सभी को मिलकर कंपनी को अगले स्तर तक ले जाना चाहिए।'' प्रेमजी ने यह घोषणा की। उन्होंने इस उद्देश्य के लिए एक नई तकनीक QMI शुरू की।

QMI का अर्थ है—'क्विक मैनेजमेंट इनवेस्टमेंट—शीघ्र प्रबंधन निवेश।' यह निर्णय लिया गया कि प्रत्येक सोमवार को विप्रो की क्यू.एम.आई. बैठक होगी। विप्रो की विभिन्न शाखाओं के प्रबंधकों को मुख्यालय से या तो व्यक्तिगत तौर पर या फोन के जरिए अजीम प्रेमजी और उनकी टीम से संपर्क करना चाहिए।

आज भी प्रति सोमवार ऐसी बैठकें विप्रो में सफलतापूर्वक आयोजित

की जाती हैं। यह एक नियम बन गया है कि प्रत्येक कर्मी को अपनी पूर्व सप्ताह की गतिविधियों और आगामी सप्ताह की योजनाओं की विस्तृत रिपोर्ट देनी पड़ती है।

उदाहरण के तौर पर, प्रेमजी प्रत्येक चीज की चर्चा करते थे—विप्रो में उत्पादित विभिन्न उत्पादों की मात्रा, उनकी बिक्री, व्यय एवं लाभ, यदि उपर्युक्त क्षेत्रों में से किसी में कोई कमी हो तो उसके कारण, आगामी सप्ताह की योजनाएँ, मौजूदा मुद्दे और संभावित निराकरण, नए अवसर एवं उनका उपयोग, और अंत में क्या इन क्षेत्रों में से किसी के लिए प्रबंधन की मदद की आवश्यकता है? वे सभी विभागों से संबंधित इन उपर्युक्त मुद्दों की सामूहिक रूप से चर्चा करते थे और उनका विश्लेषण करते थे।

उनकी टीम का कार्य केवल चर्चा सुनना नहीं था। उन्हें भागीदारी करनी होती थी और समस्याओं को हल करने तथा उपलब्ध अवसरों का उपयोग करने के बारे में विचार व सुझाव देने होते थे। इसके अलावा प्रेमजी विभागों की एक-दूसरे के साथ तुलना करते थे और उनकी कार्यक्षमता के बारे में की गई टिप्पणियों व प्रशंसा को दूसरों के साथ बाँटते थे।

इन क्यू.एम.आई. बैठकों की वजह से प्रेमजी के अधीन काम करनेवाले सभी कर्मचारी स्वतंत्र रूप से कार्य करने में सरलता एवं सहूलियत महसूस करते थे। प्रभावकारी ढंग से काम करने के लिए वे निरंतर समर्थन और सुझाव प्राप्त करते रहते थे। वे अजीम प्रेमजी से उनके साप्ताहिक मूल्यांकन में प्रशंसा के नाम पर टॉनिक भी प्राप्त किया करते थे।

विप्रो के प्रबंधकों और निदेशकों के लिए मासिक एवं वार्षिक लक्ष्य निर्धारण करते समय अजीम प्रेमजी हमेशा उनके लिए उनकी कार्यक्षमता से उच्च स्तरीय लक्ष्य निर्धारित करते थे। वे उन लोगों को उत्साहित करते थे, जो अपनी कार्यक्षमता को कम आँकते थे और उन्हें विश्वास से काम करने के लिए प्रेरित करते थे।

प्रेमजी प्राथमिक तौर पर एक प्रतिभाशाली इंजीनियर या पैदाइशी

प्रबंधक गुरु नहीं थे। परंतु वे यह अच्छी तरह जानते थे कि किस प्रकार किसी प्रतिभाशाली एवं कार्य-कुशल व्यक्ति को प्रेरित करके उससे अच्छा काम करवाना है। यह उनकी सबसे बड़ी पूँजी थी।

अजीम प्रेमजी को भरोसा था कि वे अपने निरंतर कठिन परिश्रम द्वारा अपने लक्ष्यों की प्राप्ति कर सकेंगे। उनकी यह इच्छा रहती थी कि उनके विश्वास को विप्रो के प्रत्येक कर्मचारी के साथ बाँटा जाना चाहिए।

दूसरी महत्त्वपूर्ण बात, जिस पर प्रेमजी ने विप्रो में जोर दिया, वह थी ईमानदारी। उन्हें पूरा यकीन था कि वे किसी भी स्थिति या किसी भी कारण से ईमानदारी के साथ समझौता नहीं करेंगे।

उन दिनों अनेक भारतीय उद्यमियों को घूस के नाम पर छोटे-बड़े अधिकारियों और राजनीतिज्ञों को उपहार देने पड़ते थे। उन अधिकारियों एवं कर्मचारियों में से अनेक अपने नियमित कर्तव्य निभाने के लिए भी घूस लिया करते थे।

उनके साथ किसी प्रकार की अनावश्यक उलझन में न फँसने की वजह से अनेक कंपनियाँ उन्हें रिश्वत देने के लिए तैयार रहती थीं। परंतु अजीम प्रेमजी ने ऐसा करने से साफ इनकार कर दिया था।

आज तक अजीम प्रेमजी ईमानदारी पर जोर देते रहे हैं और भ्रष्टाचार को बढ़ावा न देने के नियम पर विश्वास करते हैं। भले ही उन्हें कितनी ही मुसीबतों का सामना करना पड़े या कितना ही नुकसान क्यों न उठाना पड़े, वे कभी झुकते नहीं हैं। वे नियमों को तोड़ने और किसी को खुश करने के लिए अपने मार्ग से बाहर जाने के लिए तैयार नहीं होते।

एक बार विप्रो के किसी कारखाने के लिए बिजली का कनेक्शन लेने के लिए सरकारी कार्यालय में एक आवेदन प्रस्तुत किया गया था। परंतु जिस अधिकारी को हस्ताक्षर करने थे और अनुमति प्रदान करनी थी, ऐसा करने के लिए उसने रिश्वत की माँग की।

जब यह बात विप्रो अधिकारी की सूचना में लाई गई तो उसका उत्तर

नकारात्मक था। इस प्रकार का उत्तर पाकर वह अधिकारी उत्तेजित हो गया और उसने अनुमति-पत्र पर हस्ताक्षर करने से इनकार कर दिया।

जब प्रेमजी को यह पता चला कि उन्हें उचित अनुमति केवल रिश्वत नहीं देने की वजह से नहीं दी गई है तो वे थोड़े बेचैन हो गए, परंतु फिर भी उन्होंने रिश्वत देने से इनकार कर दिया। ''यदि वे नियमों के मुताबिक सप्लाई नहीं देते हैं तो कोई बात नहीं, हम बिजली किसी निजी कंपनी से खरीदेंगे।'' उन्होंने कहा। और उन्होंने वैसा ही किया भी।

परंतु सरकारी दरों की अपेक्षा निजी कंपनी से खरीदी गई बिजली की दरें काफी ज्यादा थीं। इससे विप्रो को लाखों रुपयों का घाटा भी सहना पड़ा।

लेकिन प्रेमजी विचलित होनेवाले व्यक्तियों में से नहीं थे। उन्होंने अधिकारी को रिश्वत देकर इन मुसीबतों को दूर रखने के बारे में नहीं सोचा। उनके मुताबिक, जब ईमानदार बने रहने की बात आती है तो कोई दूसरा विकल्प नहीं बचता।

प्रेमजी के लिए यह एक नियमित संघर्ष बन गया। वे डेढ़ वर्ष तक अप्रत्यक्ष रूप से भ्रष्टाचार के खिलाफ लड़ाई लड़ते रहे। इस अवधि के दौरान वे ईमानदार बने रहने और भ्रष्टाचार से समझौता न करने की कीमत चुकाते रहे।

कोई भी व्यक्ति आश्चर्य में पड़ सकता है कि क्या तेल निर्माता एक छोटी सी कंपनी को इतना ज्यादा कष्ट उठाने की कोई जरूरत है?

हाँ, इसकी जरूरत थी, क्योंकि प्रेमजी इसे एक छोटी कंपनी नहीं मानते थे। उनके दिमाग में विप्रो के लिए बड़ी-बड़ी योजनाएँ थीं। जब सही समय आया तो उन्होंने अपनी योजनाओं को एक-एक करके कार्यान्वित करना शुरू कर दिया। इन्हीं प्रयासों के कारण विप्रो तेजी से नई ऊँचाइयों पर पहुँच रही थी।

विप्रो में नई तकनीक लागू करने के लिए अजीम प्रेमजी ने एक बार

पुनः अपनी पढ़ाई का उपयोग किया। उन्होंने विप्रो को नए स्तर पर प्रोन्नत करने के लिए जिस तकनीक का चुनाव किया, वह पश्चिमी देशों में सन् 1960 में चलाई जा चुकी थी। वहाँ यह एक सीमा तक सफल रही, परंतु ज्यादातर असफल ही रही। जिन कंपनियों ने इस तकनीक को अपनाया, उन्हें 'संगुटिका' कहा जाता था।

'संगुटिका' का अर्थ है—आपस में इकट्ठा होना। व्यावसायिक क्षेत्र में इसका अर्थ अनेक कंपनियों को एक ही छत के अंतर्गत लाना था। किसी भी कारोबारी पूँजीपति ने संगुटिका के बारे में सोचने, चर्चा करने और उसका डिजाइन करने की कभी कोशिश नहीं की थी। कारोबारी बाध्यताओं और उत्तरजीवी रणनीतियों की वजह से स्वतः ही इसका जन्म हुआ था।

उस समय तक कारोबार बाजार की स्थिति काफी अस्थिर थी। इस स्थिति की वजह से सफलतापूर्वक चल रही कंपनी का बाजार मूल्य एक ही रात में अचानक गिर जाना एक सामान्य बात थी। जब ऐसी प्रबल घटनाएँ घटती हैं और एक अच्छी कंपनी अकारण ही अपना मूल्य खो देती है तो कोई बड़ी कंपनी, जिसका पूर्ववर्ती कंपनी से किसी प्रकार का कोई लेन-देन नहीं है, उसका अधिग्रहण करने के बारे में सोचना शुरू करती थी। इसीलिए कंपनियों के समूह, जिन्हें 'संगुटिका' कहा जाता है, के निर्माण के पहले बीज बोए गए।

संक्षेप में, कोई निजी कंपनी या कंपनियों का समूह, जो अलग-अलग कारोबार कर रहे हों, उन्हें 'संगुटिका' कहा जाता है। इसका एक अच्छा उदाहरण है—जब लोहे और इस्पात की कोई कंपनी प्लास्टिक का निर्माण शुरू कर दे या वह एक अखबार प्रकाशन हाउस खरीद ले और उसे चलाना शुरू कर दे।

इस प्रकार की व्यवस्थाओं में सबसे अच्छी बात यह है कि प्रत्येक कारोबार का अपना लाभ-हानि का अंश होता है। जब कारोबारी अपने

कारोबार, जिस पर वह निर्भर करता है, में घाटा खा जाता है तो कारोबार को कितना भी ऊपर उठाने की कोशिश करे, इस घाटे से बाहर नहीं आ पाता है। ऐसी परिस्थिति में एक अतिरिक्त, पर अलग प्रकार के कारोबार का होना अच्छा रहता है।

इसी को ध्यान में रखते हुए उस समय के अधिकांश बड़े-बड़े कारोबारियों ने 'संगुटिका' में रूपांतरण करना शुरू कर दिया। इसके पीछे मूल विचार यह है कि पूँजी को एक ही कारोबार के पीछे लगाने की अपेक्षा उसे विभिन्न कारोबारों में बाँटना अच्छा है, ताकि कारोबारी बाजार के उतार-चढ़ाव का सामना कर सके और अपनी सुनिश्चित व स्थिर आय के प्रावधान तय कर सके।

विश्व की सबसे लोकप्रिय 'संगुटिकाओं' में से जी.ई. (जनरल इलेक्ट्रिकल्स) का नाम आता है। यह कंपनी सन् 1890 में 'एडिसन जनरल इलेक्ट्रिक कंपनी' के नाम से आरंभ की गई थी, जो बिजली पैदा करती थी। धीरे-धीरे कंपनी ने मशीनरी, उत्पादन, वित्त एवं दवाई-निर्माण के क्षेत्र में प्रवेश किया और सफलता हासिल की।

भारत में 'संगुटिका' का सबसे बढ़िया उदाहरण टाटा समूह की कंपनियों का है। उन्होंने इस्पात-निर्माण कंपनी से शुरुआत की और धीरे-धीरे वाहन, और यहाँ तक कि सॉफ्टवेयर निर्माण करना भी शुरू कर दिया। उनके 'टाटा इंडिकॉम' का विज्ञापन किसी भी दीवार या खंभे पर देखा जा सकता है। इस प्रकार आज घर-घर में टाटा के उत्पाद देखे जा सकते हैं।

अजीम प्रेमजी ने ऐसी प्रणालियों और कारोबार के नए तरीकों को सन् 1970 के शुरू में ही प्रयोग करने का साहस दिखाया। इसलिए उन्होंने विप्रो को एक बड़ी 'संगुटिका' के रूप में निर्मित करने की प्रक्रिया आरंभ कर दी।

विप्रो, जिसने वनस्पति एवं तेल का निर्माण पहले ही आरंभ कर दिया था, अब कपड़े धोने का साबुन बनाना और उसकी बिक्री करना भी शुरू

कर दिया। पहले सोपान के तौर पर अजीम प्रेमजी ने नहाने का साबुन और कांतिवर्धक उत्पाद बनाने के लिए इसका विस्तार किया।

अजीम प्रेमजी को इस प्रकार के प्रयोगों के दौरान अपने परिजनों और मित्रों से ही कड़ी प्रतियोगिता का सामना करना पड़ा। अनावश्यक जोखिम लेने के लिए उनकी आलोचना हुई और उन्हें सचेत भी किया गया। उन्हें केवल अपने तेल के कारोबार पर ध्यान देने की सलाह दी गई।

यद्यपि वे आलोचक जरूर थे, परंतु उनके परिजन और मित्र जो कह रहे थे, उसमें तर्क जरूर था। 'हिंदुस्तान लीवर्स' जैसे बड़े व्यापारी ऐसे उत्पादों के निर्माण में एकात्मक रूप से लगे हुए थे। ऐसी कंपनियों से तुलना करने पर विप्रो द्वारा निर्मित कपड़े धोने के साबुन का बिक्री स्तर काफी कम था।

ऐसी परिस्थिति में यदि विप्रो नहाने के साबुन का निर्माण शुरू करता है तो उसे बड़ी कंपनियों से कठोर प्रतियोगिता का सामना करना पड़ेगा, यह निश्चित था। इसके अलावा उत्पाद का विज्ञापन और उसे लोगों में लोकप्रिय बनाना भी काफी कठिन काम था।

अजीम प्रेमजी यह सब अच्छी तरह जानते थे। परंतु वे यह भी जानते थे कि संगुटिका बनाना कोई मामूली बात नहीं है। उन्होंने सोचा कि यदि वे ऐसे जोखिम उठाने में हिचकिचाएँगे तो बड़ी ऊँचाइयों को छूना कठिन हो जाएगा।

इसी कारण अजीम प्रेमजी ने सभी चेतावनियों और टिप्पणियों की नम्रता से उपेक्षा कर दी। उन्होंने विप्रो द्वारा निर्मित साबुन उत्पादन और बिक्री को सशक्त बनाने पर भी ध्यान दिया।

प्रेमजी द्वारा इस प्रकार का साहसिक कदम उठाने का एक महत्त्वपूर्ण कारण था—उन्हें इन सब चीजों का अधिक ज्ञान नहीं था। इसलिए उनके लिए सभी चीजें बराबर और समान थीं। वे किसी भी ऐसे नए कारोबार में प्रवेश करने के लिए तैयार थे, जो लाभकारी हो और जिसका कोई आधार हो।

साबुन के बाद विप्रो ने धीरे-धीरे बच्चों के उत्पाद, बिजली एवं इलेक्ट्रॉनिक उपकरण, मशीनरी और चिकित्सा उपकरण (जी.ई. कंपनी के सहयोग से) बनाने आरंभ किए।

इन धंधों में विप्रो का कोई पूर्व अनुभव नहीं था; परंतु प्रेमजी को पूरा विश्वास था कि थोड़े से प्रयास से किसी भी चीज को सीखा जा सकता है। उन्हें पूर्ण विश्वास था कि निरंतर प्रयास से वे उनके द्वारा चलाए गए दस कारोबारों में से कम-से-कम चार में तो अवश्य ही सफलता प्राप्त कर लेंगे।

इस तरह विप्रो ने बिना पूर्व अनुभव के जितने भी कारोबार चलाए, उनमें धीरे-धीरे ऐसे ही सुधार करना था जैसे एक बच्चा चलना सीखता है। इस उद्देश्य की प्रतिपूर्ति हेतु प्रेमजी अपने सभी फुटकर विक्रेताओं के सतत संपर्क में थे। उन्होंने सक्रिय रूप से उनसे तालमेल किया और न केवल विप्रो के उत्पादों को बेचने की रणनीति बनाई बल्कि ग्राहकों की आवश्यकताओं व अपेक्षाओं को पूरा करने की रणनीति भी तैयार की।

हालाँकि ऐसा नहीं कहा जा सकता कि विप्रो द्वारा चलाए गए सभी उत्पाद सफल रहे। वास्तव में सॉफ्टवेयर उद्योग को छोड़कर विप्रो किसी भी कारोबार के क्षेत्र में उच्च स्तर तक नहीं पहुँचा।

परंतु यह इतना बुरा भी नहीं था जितना लोग अनुमान लगा रहे थे और चेतावनी दे रहे थे। यद्यपि विप्रो किसी अन्य उत्पाद में पहले स्थान पर नहीं है, फिर भी अन्य सभी कारोबारी क्षेत्रों में इसने प्रशंसनीय लाभ हासिल किया है।

संगुटिका की आरंभिक यात्रा में सफल रहने के बाद विप्रो ने स्वयं को ऊँची छलाँग लगाने के लिए तैयार करना आरंभ कर दिया। इसे विप्रो के प्रमुखों का एक शानदार स्वप्न भी कहा जा सकता है।

□

कंप्यूटर बाजार में प्रवेश

कंप्यूटर का आविष्कार किसने किया था? यह पूछे जाने वाले अनेक सामान्य प्रश्नों में से एक है, जिसका कोई भी उत्तर देगा—'चार्ल्स बैबेज'। परंतु हममें से अधिकांश यह नहीं जानते कि 'पहला कंप्यूटर' बनानेवाला वास्तव में चार्ल्स बैबेज नहीं था। इसका डिजाइन सिर्फ उसकी कल्पना और एक लंबा स्वप्न था।

इसलिए यह कहा जा सकता है कि अमेरिकी कंपनी सी.टी.आर. (कंप्यूटिंग टेबुलेटिंग रिकॉर्डिंग कॉरपोरेशन) ही पहली कंपनी थी, जिसने पहली पीढ़ी का कंप्यूटर बनाया था। यह सी.टी.आर. बाद में 'आई.बी.एम.' बन गई (इंटरनेशनल बिजनेस मशीन कॉरपोरेशन)।

आई.बी.एम., जिसे 'बिग ब्लू' भी कहा जाता है, को कंप्यूटर उद्योग में परदादा समझा जाता है। उसे इसका हक भी है। जब कंप्यूटर के इतिहास के बारे में बात की जाती है तो कोई आई.बी.एम. का जिक्र किए बिना नहीं रह सकता है।

परंतु मोरारजी देसाई के नेतृत्ववाली भारत सरकार इस प्रकार के पूर्ववृत्तों को मानने को राजी नहीं थी। सबसे महत्त्वपूर्ण बात यह थी कि तत्कालीन उद्योग मंत्री जॉर्ज फर्नांडीज आई.बी.एम. को भारत से खदेड़ने को आतुर थे।

जॉर्ज फर्नांडीज के क्रोध और कुंठा के पीछे एक प्रमुख कारण था। आई.बी.एम. कंपनी, जिसका बाजार में कोई प्रतिद्वंद्वी नहीं था, ने कभी भारतीय

कंप्यूटर बाजार की आवश्यकताओं को समझने की कोशिश ही नहीं की थी, न ही उसने ऐसे उत्पादों को कभी भारत में बिक्री के लिए लाने का प्रयास किया था।

इसके बजाय उसने ऐसी प्रौद्योगिकियों को अपनाया, जिन्हें अन्य देशों द्वारा पूरी तरह से प्रयोग करके अलग कर दिया गया था। आई.बी.एम. ने यह भी सुनिश्चित किया कि कंप्यूटर उद्योग की आधुनिकतम प्रौद्योगिकी भारत में किसी हालत में न पहुँचे।

इससे भारत सरकार खिन्न थी। उसने महसूस किया कि जब सारा विश्व कंप्यूटर प्रौद्योगिकी के आधुनिकतम आविष्कारों का आनंद उठा रहा है तो भारत को इससे दूर क्यों रखा जाना चाहिए? उस समय आई.बी.एम. का अधिकांश कंप्यूटर बाजार पर एकाधिकार था। यह कहा जा सकता है कि वह हमारे देश के साथ उचित बरताव नहीं कर रहा था।

हमारे देश एवं आई.बी.एम. के बीच दरार पड़ने का यही एकमात्र कारण नहीं था। मोरारजी देसाई के नेतृत्ववाली भारत सरकार भारतीय उद्योग में विदेशी कंपनियों के प्रभुत्व को कम करने के लिए दृढ़ संकल्प थी। इसने महसूस किया कि आजादी के 20 वर्षों बाद भी किसी-न-किसी तरीके से हमारे ऊपर शासन किया जा रहा था।

पं. जवाहरलाल नेहरू और श्रीमती इंदिरा गांधी के नेतृत्ववाली सरकारें इस मामले में काफी खुले विचारों की थीं। उनके शासन काल के दौरान विदेशी कंपनियों को भारत में कार्य करने की स्वतंत्रता दी गई। सरकार ने महसूस किया कि ऐसा करने से भारतीय कंपनियाँ विदेशी कंपनियों द्वारा लाभान्वित होंगी।

परंतु मोरारजी देसाई के अधीन गठित नई समाजवादी सरकार इस पुराने विश्वास को मानने को तैयार नहीं थी। भारत में विदेशी मुद्रा विनिमय कानून 'फेरा', जिसे सन् 1973 में शुरू किया गया, ने इस विषय में समझौते की कोई गुंजाइश नहीं छोड़ी।

'फेरा' के मुताबिक, भारत में काम करनेवाली कंपनियों का एक निश्चित

अंश, चाहे वह देशी या विदेशी कंपनी हो, भारतीयों के नियंत्रणाधीन होना चाहिए। अर्थात् भारतीयों को उन कंपनियों में निवेश करने की अनुमति दी जानी चाहिए, जो पूर्णरूप से विदेशियों द्वारा चलाई जा रही थीं, अन्यथा कंपनी को बंद कर दिया जाएगा। भारत सरकार द्वारा इस प्रकार के कानून की घोषणा करते ही लगभग पचास कंपनियों ने भारत छोड़ने का निर्णय ले लिया। इन कंपनियों में कोका कोला एवं आई.बी.एम. भी शामिल थीं।

जब आई.बी.एम. ने अपनी कंपनी बंद की तो इससे किसे लाभ हुआ और किसे हानि, यह बता पाना कठिन है; क्योंकि तथ्य इस बात पर निर्भर करता है कि हम किस पक्ष की ओर हैं, और सच यह है कि एक पक्ष का दूसरे पक्ष से अंतर हो सकता है।

विश्व भर में स्थिति यह थी कि कंप्यूटर उद्योग ने अभी-अभी अपने विकास की ओर रेंगना शुरू किया था। ऐसी स्थिति में आई.बी.एम. जैसी बड़ी कंपनी के बंद होने से भारतीय प्रौद्योगिकी की वृद्धि और विकास बाधित हो गए होते। परंतु, चूँकि आई.बी.एम. भारत में केवल पुरानी प्रौद्योगिकी बेच रही थी, इसलिए उनके बाजार से निष्कासन से अधिक अंतर नहीं पड़ा। वास्तव में, उनके निष्कासन से ऐसी स्थिति पैदा हो गई कि अनेक नई प्रौद्योगिकियों को फूलने-फलने का अवसर मिला।

आई.बी.एम. किसी भी स्थिति में विश्व में कहीं भी अपना प्रभुत्व कम करने को तैयार नहीं थी। इसके अलावा उनके कुल लाभ की तुलना में भारत में उनका लाभ काफी कम था। इसलिए जब भारत सरकार ने दबाव डाला तो उसने तुरंत भारतीय बाजार छोड़ दिया।

आई.बी.एम. के पलायन के बाद भारत में कंप्यूटर निर्माण और बिक्री में बहुत तेजी आ गई। अजीम प्रेमजी इसे हमारी प्रौद्योगिकी के लिए एक अच्छा मोड़ बताते हैं। परंतु क्या आई.बी.एम. का पलायन एक अच्छा मोड़ था ? कैसे ?

भले ही आई.बी.एम. केवल पुराने रूपांतरों को ही क्यों न बेच रही हो, परंतु जब तक वह भारत में काम कर रही थी, 60 प्रतिशत से लेकर 70 प्रतिशत तक कंप्यूटर बाजार उसके हाथ में था। अन्य छोटी कंपनियाँ बाजार के शेष

हिस्से के लिए आपस में एक-दूसरे के साथ प्रतियोगिता कर रही थीं।

ऐसी स्थिति में आई.बी.एम. के पलायन से बाजार सभी के लिए खुल गया। इससे भारतीयों के लिए नई प्रौद्योगिकी के साथ प्रयोग करने का रास्ता भी साफ हो गया।

अजीम प्रेमजी के मुताबिक, आई.बी.एम. ने न तो भारतीय बाजार को समझा और न ही उसका प्रभावकारी ढंग से उपयोग किया। इस अनिच्छा की वजह से कंप्यूटरों को ऐसी उच्च मशीनें समझा जाने लगा, जिनका उपयोग केवल प्रयोगशालाओं तक ही सीमित रहा।

परंतु ऐसी स्थिति में भी एक अप्रत्यक्ष लाभ छिपा था। आई.बी.एम. के प्रसिद्ध मेनफ्रेम कंप्यूटर उस समय भारत में लोकप्रिय नहीं थे। इसलिए हमारे लोग कंप्यूटर के क्षेत्र में आ रही नई क्रांति का प्रयोग करने में कतई नहीं हिचकिचाए।

आई.बी.एम. के पलायन से कंप्यूटर बाजार में उसका स्थान खाली हो गया। अजीम प्रेमजी ने इस खाली स्थान को भरना चाहा। आई.बी.एम. ने केवल पुराने रूपांतरों को बेचकर बाजार पर अधिकार जमाए रखा था। प्रेमजी का यह विश्वास था कि यदि विप्रो ने नवीनतम विचार अपनाए तो उसे जरूर सफलता मिलेगी।

इसी समय एक नया इतिहास बनना शुरू हो गया। न तो प्रेमजी को और न ही उनके मित्रों को कंप्यूटर के बारे में कोई ज्ञान था। परंतु उन्होंने यह महसूस किया कि कंपनी को कंप्यूटर के क्षेत्र में विकसित करने का यह सुनहरा मौका है।

प्रेमजी अपने साबुन एवं तेल जैसे अन्य उत्पादों की तरह इसमें भी प्रयोग करना चाहते थे। यदि इसमें सफलता मिली तो विप्रो एक बड़ी कंपनी बनने में कामयाब होगी।

अजीम प्रेमजी द्वारा आरंभ किया गया इलेक्ट्रॉनिक प्रभाग उनके लिए एक बड़ी उपलब्धि थी। कंप्यूटर के क्षेत्र में बिना किसी जानकारी के उन्होंने कंप्यूटर बाजार में प्रवेश करने का निर्णय लिया।

परंतु इसका यह मतलब नहीं था कि अजीम प्रेमजी ने किसी जल्दबाजी में निर्णय लिया। स्पष्ट दूरदर्शिता और सोच-विचार के बाद ही विप्रो ने कंप्यूटर निर्माण में प्रवेश करने का निर्णय लिया।

- आई.बी.एम. जा चुकी थी। इससे कंप्यूटर निर्माण और बिक्री में काफी बड़ा स्थान खाली हो गया था।
- 'फेरा' अधिनियम की वजह से यह खाली स्थान किसी विदेशी कंपनी से नहीं भरा जा सकता था। भारतीय कंपनियों के लिए बाजार को पकड़ने का सुनहरा मौका था।
- भारतीय कंप्यूटर उद्योग में कोई अग्रणी नहीं था। लगभग सभी कंपनियाँ नौसिखिया थीं। इसलिए आई.बी.एम. द्वारा बने रिक्त स्थान को भरने के लिए कोई आगे नहीं आया।
- यदि यह रिक्ति नहीं न भरी जाती तो भारतीय प्रौद्योगिकी में हानि का जोखिम था।
- इस जोखिम को दूर करने के लिए नई कंपनियों को इस दौड़ में शामिल होना था। इन नई आगंतुक कंपनियों के बीच कड़ी प्रतियोगिता होनी चाहिए थी, जिससे उद्योग की वृद्धि में मदद मिलती।

अजीम प्रेमजी के अनुसार, ''उन्हें भरोसा था कि विप्रो जैसी नई कंपनी के लिए कंप्यूटर अनुसंधान एवं निर्माण में अनंत संभावनाएँ मौजूद थीं।''

उन दिनों दुनिया भर में छोटे कंप्यूटर लोकप्रिय थे। इसलिए वर्ष 1970 में आरंभ हुए विप्रो के इलेक्ट्रॉनिक प्रभाग ने 'मिनी कंप्यूटर' के निर्माण पर ध्यान देना शुरू किया।

सबसे बड़ी समस्या यह थी कि विप्रो में कोई भी कंप्यूटर के मूल के बारे में नहीं जानता था। इसलिए उनका पहला कदम सोच-समझकर रखा जाना था।

'मिनी कंप्यूटर', जैसाकि उनके नाम से पता चलता है, छोटे कंप्यूटर नहीं थे। आजकल के कंप्यूटरों की तुलना में वे काफी बड़े थे।

प्रेमजी के सामने दो मौके थे—

1. विदेशों से कंप्यूटरों के नए रूपांतरों को मँगवाना और उन्हें भारत में बेचना। या
2. हमारी आवश्यकता के अनुरूप भारत में कंप्यूटरों का डिजाइन तैयार करना और उनका निर्माण करना।

विकल्पों में पहला काफी सुविधाजनक था। परंतु सरकारी कानून इस अवसर के खिलाफ थे। इसलिए विप्रो नए कंप्यूटरों के डिजाइन के कार्य में लग गया।

हमेशा की तरह इस निर्णय के लिए भी प्रेमजी की आलोचना की गई। इलेक्ट्रॉनिक्स और कंप्यूटर उद्योग के लोगों ने भी इस क्षेत्र में उनकी सफलता पर संदेह प्रकट किया। परंतु प्रेमजी को अपने इस निर्णय पर पूरा विश्वास था।

विप्रो के पहले कंप्यूटर पर अनुसंधान सन् 1979 में आरंभ हुआ। हालाँकि इसका श्रीगणेश मुंबई में हुआ, परंतु प्रमुख अनुसंधान कार्य बंगलौर में हुआ।

अजीम प्रेमजी ने भारत में कंप्यूटर निर्माण करने का निर्णय आसानी से ले लिया; परंतु इसके बाद उन्हें अनेक कठिनाइयों और मुसीबतों का सामना करना पड़ा। यदि नए कंप्यूटर का निर्माण किया जाना था तो हार्डवेयर, सॉफ्टवेयर, ऑपरेटिंग सिस्टम, मॉनीटर, की-बोर्ड, प्रिंटर्स, हार्ड डिस्क जैसी अनेक चीजों का पूरी तरह से ध्यान रखना जरूरी था।

यदि विप्रो ने हरेक चीज का निर्माण किया तो कंप्यूटर को पूरा होते-होते सालों लग सकते थे। इससे पहले ही कंप्यूटर का नया अवतार बाजार में आ सकता था और उनके प्रयास व्यर्थ हो सकते थे। इसके अलावा कंप्यूटर के नए अवतार का निर्माण एकदम नए सिरे से होना था।

कंप्यूटर के विकास में कोई भी पूर्व ज्ञान बेकार नहीं जा सकता था। इसलिए उन्हें धीरे-धीरे, स्थिरता से और चतुराई से काम करना था।

अजीम ने इस समस्या का एक आसान हल निकाला। प्रत्येक पुरजे को स्वयं डिजाइन कराने की बजाय उन्होंने इस क्षेत्र की अनुभवी कंपनी से डिजाइन का लाइसेंस खरीदने का निर्णय लिया। बाद में उन लाइसेंसों के आधार पर कंप्यूटर को भारत में निर्मित किया जा सकता था।

तत्कालीन कानून किसी परिष्कृत उत्पाद का आयात करने से मना करता था। इसके बजाय आवश्यक प्रौद्योगिकी को आयात किया जा सकता था और उनके आधार पर कंप्यूटरों के निर्माण का कार्य भारत में किया जा सकता था। इससे न तो कानून का उल्लंघन होता और न ही सरकार का विरोध झेलना पड़ता। इससे उद्देश्य भी हल हो जाता।

जिस कंपनी से विप्रो ने प्रौद्योगिकी खरीदने का निर्णय किया, वह 'सेंटिनल' थी। 'सेंटिनल' ओहियो में स्थित थी। इस कंपनी ने कंप्यूटर और सॉफ्टवेयर का डिजाइन 'इंटेल 286' चिपों का प्रयोग करके किया था।

आई.बी.एम., जिसने कंप्यूटर की विश्वव्यापी उपयोगिता को कई गुना बढ़ा लिया था, ने तब तक पर्सनल कंप्यूटर (पी.सी.) शुरू नहीं किए थे।

उस समय तक प्रौद्योगिकी के क्षेत्र में भारत की अंतरराष्ट्रीय स्थिति सम्मानजनक नहीं थी। परंतु इसके बारे में दूसरे क्या सोचते थे और क्या राय देते थे, विप्रो ने इसकी परवाह नहीं की। वास्तव में विप्रो 'सेंटिनल' के साथ-साथ प्रसिद्ध 'टेक्साज इंस्ट्रूमेंट्स' के साथ भी बातचीत कर रहा था। परंतु बाद में विप्रो और 'सेंटिनल' के बीच एक करार पर हस्ताक्षर हो गए।

इससे विप्रो को भारत में सॉफ्टवेयर एवं कंप्यूटर निर्माण के लिए सेंटिनल से प्रौद्योगिकी खरीदने का अधिकार मिल गया। लाइसेंस काफी अच्छे दामों में खरीदा गया। विप्रो को इलेक्ट्रॉनिक्स/कंप्यूटर उद्योग में इसी प्रकार श्रीगणेश करने की जरूरत थी।

यह नींव रखते हुए सक्रिय रूप से अनेक नए अनुसंधान किए गए। विप्रो का इलेक्ट्रॉनिक एवं कंप्यूटर प्रभाग सशक्त किया गया।

सेंटिनल के विपणन प्रभाग के पूर्व एम.डी. लीलैंड एम. कोल कहते हैं, "आज सेंटिनल कंपनी का अस्तित्व तो खत्म हो गया है, परंतु वह सेंटिनल ही थी जिसने विप्रो को कंप्यूटर के क्षेत्र में अच्छी शुरुआत दी।"

विप्रो की तरफ से श्री अशोक नरसिंहम ने सेंटिनल मुख्यालय में संपर्क किया। इसके बाद उन्होंने सीधे ही सेंटिनल की अनुसंधान प्रयोगशाला का दौरा किया और उनके निर्माण के तरीकों की प्रत्यक्ष जानकारी ली। इसके

पश्चात् अगले स्तर की बातचीत आरंभ हुई।

परंतु अपने कंप्यूटरों का निर्माण करने से पहले विप्रो को अनेक बेसिक चीजें तैयार करनी थीं। श्री लीलैंड एम. कोल इस उद्देश्य के लिए अनेक बार भारत आए और बंगलौर कार्यालय में विप्रो के साथ काम किया।

आज बंगलौर विप्रो का मुख्यालय है। परंतु शुरू-शुरू में इस कार्यालय में कर्मचारियों की संख्या केवल 7 ही थी। आई.आई.एस-सी. (भारतीय विज्ञान संस्थान) की मदद से विप्रो के भारतीय कंप्यूटरों के अनुसंधान का काम उनकी प्रयोगशाला में सक्रिय ढंग से आरंभ हुआ।

विप्रो का लक्ष्य एक ऐसा कंप्यूटर निर्मित करने का था, जो उत्तम, लाभदायी एवं भारतीय परिस्थितियों के अनुकूल हो, साथ ही किफायती दामों पर उपलब्ध हो। सेंटिनल के हार्डवेयर और प्रौद्योगिकी, जो इंटेल चिपों का प्रयोग करते थे, इसके लिए उपयुक्त थे।

सॉफ्टवेयर और हार्डवेयर के बारे में जो असमंजसता बनी हुई थी, वह दूर हो गई। अब यह निश्चित हो गया था कि सेंटिनल द्वारा दी गई प्रौद्योगिकी का ही प्रयोग किया जाएगा। अगला चरण कंप्यूटर-निर्माण का चरण था।

कंप्यूटर का निर्माण करने की अजीम प्रेमजी की बड़ी इच्छा थी और इस स्वप्न को उन्होंने लंबे समय से सँजोए रखा था। परंतु बेसिक तौर पर वे कंप्यूटर के विशेषज्ञ नहीं थे, इसलिए किसी अनुभवी व्यक्ति की जरूरत थी, जो इसमें पूरी तरह से ध्यान दे सके और विभाग को चला सके।

सन् 1970 के अंत में जब विप्रो के इलेक्ट्रॉनिक प्रभाग ने काम करना शुरू किया तो अजीम प्रेमजी ने काफी ऐसे लोगों से मेल-जोल करना आरंभ कर दिया, जो कंप्यूटर के क्षेत्र में अनुभवी थे और इलेक्ट्रॉनिक प्रभाग का नेतृत्व कर सकते थे।

उसी समय एक सज्जन, जो पाटनी कंप्यूटर सर्विस, बंबई (पी.पी.एस.) के सॉफ्टवेयर प्रभाग में एक प्रमुख की हैसियत से काम कर रहे थे, अजीम प्रेमजी से मिलने आए। वे प्रेमजी की ही उम्र के थे। दोनों ने उस अगले कदम के बारे में विस्तार से चर्चा की, जो भारत को कंप्यूटर उद्योग के विस्तार के

बारे में उठाना चाहिए और इसमें विप्रो का क्या योगदान होना चाहिए।

परंतु इस तरीके के बारे में उनके अलग-अलग विचार थे। एक के विचार और राय दूसरे को पसंद नहीं आ रहे थे। ऐसा लग रहा था कि वे कभी एक-दूसरे से सहमत नहीं हो पाएँगे।

जब अलग-अलग मत के दो व्यक्ति साथ में काम करते हैं तो समाधान की बजाय समस्याएँ ज्यादा खड़ी होती हैं। इस स्थिति को समझते हुए उस सज्जन और अजीम प्रेमजी ने मित्रता का हाथ बढ़ाते हुए व्यावसायिक तौर पर अपने रास्ते अलग कर लिये।

ये सज्जन कोई और नहीं, नारायण मूर्ति थे। अजीम प्रेमजी के साथ बातचीत का जब कोई सफल परिणाम नहीं निकला तो नारायण मूर्ति ने अपने कुछेक मित्रों के साथ मिलकर 'इन्फोसिस' नामक एक नई कंपनी आरंभ कर दी। वे अपने तरीके से चले और सफलता भी हासिल की।

एक प्रकार से भारत के लिए यह अच्छा ही रहा कि अद्वितीय प्रतिभाशाली व्यक्तियों ने एक साथ मिलकर काम नहीं किया। अजीम प्रेमजी का विप्रो और नारायण मूर्ति का 'इन्फोसिस', दोनों उनके विश्वासों, फैसलों और विधियों द्वारा निर्मित व विकसित हुए। आज वे सूचना प्रौद्योगिकी में विश्व की दो प्रमुख कंपनियों के रूप में स्थापित हैं।

कंप्यूटर के निर्माण में विप्रो का अनुसंधान सन् 1979 में आरंभ हुआ। इसके ठीक दो वर्ष बाद अर्थात् 1981 में उनके कंप्यूटर भारतीय बाजार में आ गए। तब आई.बी.एम. द्वारा बेचे जानेवाले कंप्यूटरों की तुलना में ये कंप्यूटर ज्यादा तेज, अधिक अनुकूल और किफायती थे। संक्षेप में, ये कंप्यूटर अनेक प्रकार से अद्यतन थे।

लेकिन अजीम प्रेमजी सिर्फ इतने से संतुष्ट नहीं थे। वे चाहते थे कि उनके ग्राहक अपने कंप्यूटर से पूरी तरह संतुष्ट हों। इसे पूरा करने के लिए एक सर्वेक्षण किया गया, जिसमें वर्तमान के साथ-साथ भावी ग्राहकों की अपेक्षाओं और समस्याओं को रिकॉर्ड किया गया।

विप्रो द्वारा किए गए सर्वेक्षण ने एक महत्त्वपूर्ण बात प्रदर्शित की। उस

समय तक भारत में कंप्यूटर निर्माता या तो थोक विक्रेताओं को या फुटकर विक्रेताओं को अपने उत्पाद बेचे जाने पर ज्यादा ध्यान दे रहे थे। इन व्यापारियों की यह जिम्मेदारी थी कि वे आकर्षक प्रस्ताव या उपहार भेंट करके अपने ग्राहकों को आश्वस्त करें और उन्हें अपने कंप्यूटर बेचें।

वास्तविक समस्या अब शुरू होती है।

कोई ग्राहक बड़ी मुश्किल से एक कंप्यूटर खरीद पाता है। परंतु यदि कंप्यूटर में कोई समस्या आती है तो उसके मालिक के पास इसे हल करने का कोई उपाय नहीं था, क्योंकि उन दिनों अधिक तकनीकी विशेषज्ञ नहीं थे, जो उन समस्याओं को ठीक कर सकते। जो कंपनियाँ इन कंप्यूटरों को बनाती थीं, वे इस बारे में कोई ध्यान नहीं देती थीं।

कहने का तात्पर्य यह है कि कंप्यूटर निर्माता कंपनियाँ ज्यादातर अपने उत्पादों की बिक्री में उत्सुकता दिखाती थीं। वे ग्राहकों की सेवा का ध्यान नहीं रखती थीं। इसलिए अनेक ग्राहक यह सोचते थे कि यदि वे कंप्यूटर खरीदते हैं तो इसके साथ-साथ मुफ्त में जोखिम भी प्राप्त करते हैं।

इसका दु:खदायी पहलू यह था कि अनेक निर्माताओं को यह भी पता नहीं था कि उनके ग्राहक ऐसी समस्याओं का सामना कर रहे हैं। इससे ग्राहकों के मस्तिष्क में एक मानसिक अवरोध उत्पन्न हो गया। कंप्यूटर प्रौद्योगिकी को लोगों तक पहुँचाने में कठिनाई का सामना करना पड़ा। उस समय तक दफ्तरों और घरों में कंप्यूटर का प्रयोग नहीं के बराबर था। इसलिए सामान्य लोग सोचा करते थे कि कंप्यूटरों को केवल अनुसंधान प्रयोगशालाओं में ही प्रयोग किया जाता था।

परंतु अजीम प्रेमजी उनमें से नहीं थे, जो आसानी से ऐसा होने देते। वह व्यक्ति, जो 50 मि.ली. और 100 मि.ली. के टिनों में खाना पकाने का तेल सप्लाई किया करता था, आज उसी ने बड़े पैमाने पर, परंतु किफायती दामों में कंप्यूटर निर्माण करने का निर्णय लिया। अन्यथा प्रौद्योगिकी अनुसंधान में खर्च होनेवाली बड़ी लागत का प्रबंध करना कठिन हो गया होता।

यदि अधिक-से-अधिक लोगों को कंप्यूटर खरीदना पड़े तो कुछ

महत्त्वपूर्ण बातें ध्यान में रखनी होंगी। पहला, जो कंप्यूटर वे खरीदना चाहें, वह गुणवत्तापूर्ण और किफायती होना चाहिए। दूसरी जो महत्त्वपूर्ण चीज थी, वह यह कि ग्राहकों को यह विश्वास होना चाहिए कि यदि कंप्यूटर में किसी प्रकार की खराबी आएगी तो उसे ग्राहक सेवा विभाग द्वारा तुरंत ठीक कर दिया जाएगा।

विप्रो ने इस बात पर तुरंत और सबसे ज्यादा ध्यान देने का प्रयास किया। इसी 'ग्राहक सेवा योजना' द्वारा विप्रो अन्य कंप्यूटर निर्माताओं से भिन्न प्रतीत होती है। इससे अधिक-से-अधिक ग्राहक भी इस ओर आकर्षित होते हैं।

इस योजना के अनुसार यदि किसी क्षेत्र विशेष में विप्रो द्वारा निर्मित कंप्यूटरों की बिक्री का काम पाँच आदमी करते हैं तो अजीम प्रेमजी ने यह जोर दिया कि उस क्षेत्र में ग्राहकों द्वारा रिपोर्ट की जानेवाली समस्याओं को देखने के लिए कम-से-कम दस से पंद्रह व्यक्ति उपलब्ध होने चाहिए।

अजीम प्रेमजी बताते हैं, "विकसित प्रौद्योगिकी और सर्वोत्तम ग्राहक सेवा ही कंप्यूटर उद्योग में हमारी सफलता के रहस्य हैं।" इसके बाजार में प्रचलित होने के कुछ ही सप्ताह के भीतर विप्रो द्वारा निर्मित कंप्यूटरों ने 'उच्च सफलता' की अवस्था प्राप्त कर ली थी; जबकि कंपनी द्वारा विज्ञापन और विपणन तकनीकों के लिए खर्च किए गए व्यय बहुत कम थे। विप्रो द्वारा निर्मित कंप्यूटर मुँहजुबानी ही काफी लोकप्रिय हो गए। उत्पाद और बिक्री उपरांत सेवा से संतुष्ट ग्राहक अपने मित्रों और संबंधियों से इसकी सिफारिश करने लगे।

ठीक तभी बैंकों और कार्यालयों में कंप्यूटरीकरण का काम आरंभ हो गया। भारत भर में कंप्यूटर शिक्षा का महत्त्व भी बढ़ने लगा। इन उन्नतियों की वजह से विप्रो की कंप्यूटर इकाई को लाभ प्राप्त हुआ।

कंप्यूटरों के बाद विप्रो ने प्रिंटर्स, की-बोर्ड जैसी सहायक सामग्रियों का निर्माण आरंभ किया। इसके लिए उसने इंटेल, आई.बी.एम. और सन जैसी प्रसिद्ध कंपनियों से लाइसेंस के आधार पर प्रौद्योगिकी आयात की।

कठिन परिश्रम, सच्चे प्रयास और उत्तम विचारों को आरंभ करने में

निरंतरता—ये ही वे कारक थे, जिन्होंने आधुनिक प्रौद्योगिकी में विशेष स्थान हासिल करने में विप्रो की मदद की। आगामी 20 वर्षों में विप्रो भारत में कंप्यूटर और सहायक सामग्रियों का निर्माण करनेवाली कुछ महत्त्वपूर्ण कंपनियों में से एक हो गई।

इस आकर्षण का कारण न तो उच्च वेतन था और न ही विप्रो द्वारा मुहैया कराई जानेवाली सहूलियतें थीं। विप्रो के अनुसंधान के ढंग ने इसके लिए सम्मान अर्जित किया और अनेक प्रतिभाशाली एवं कुशल व्यक्ति इसमें शामिल हो गए।

अन्य कंपनियों के विपरीत, जहाँ कर्मचारियों से प्रबंधन के निर्देशानुसार काम करने की अपेक्षा की जाती है और उनके कार्य के लिए भुगतान किया जाता है, विप्रो ने अपने कर्मचारियों को उनकी बहुमुखी प्रतिभाओं को प्रदर्शित करने के लिए बढ़ावा दिया तथा कर्मचारियों को अपने तरीके से काम करने की स्वतंत्रता दी। उनसे एक ही तरीके से काम करने की अपेक्षा नहीं की जाती थी और न ही इसके लिए उन पर दबाव डाला जाता था।

इसका एक सटीक उदाहरण था, उस समय विप्रो के विभिन्न अनुसंधान इकाइयों में लगभग 50 कर्मचारी काम कर रहे थे, जबकि नामी-गिरामी कंपनियों की अनुसंधान एवं विकास इकाइयों में मुश्किल से 30 के लगभग लोग काम पर लगे थे।

यह कार्यबल, जिसमें भारत के काफी प्रतिभाशाली अनुसंधानकर्ता शामिल थे, विप्रो के लिए बाद में विभिन्न तरीके से जबरदस्त परिवर्तन लाया।

परंतु उससे पहले एक अन्य मामले के बारे में बताना जरूरी है, जिसने विप्रो के लिए विकास का अगला चरण सुनिश्चित किया। यह भी एक दूसरा अवसर था, जो विप्रो के पुराने सहभागी आई.बी.एम. कैंप की ओर से आया।

बिल गेट्स, माइक्रोसॉफ्ट के अध्यक्ष, अपनी इस कंपनी को शुरू करने से पहले ही कंप्यूटर की भावी संभावनाओं के स्वप्न को सँजो रहे थे।

परंतु जब उन्होंने इस स्वप्न के बारे में दूसरों को बताया तो वे अपनी हँसी रोक न सके और जोर से हँस पड़े। उनका यह स्वप्न था कि प्रत्येक घर

की टेबल पर एक कंप्यूटर होना चाहिए। उनकी हँसी का कारण यह था कि उन दिनों जो कंप्यूटर बनाए जाते थे, वे किफायती नहीं थे और उपलब्ध मॉडल प्रयोग में कठिन थे।

यदि वे किफायती और आकार में छोटे होते तो भी घरों में उनका कोई महत्त्वपूर्ण प्रयोग नहीं था। उस समय प्रौद्योगिकी इतनी विकसित नहीं थी कि लोग हरेक चीज के लिए कंप्यूटर का प्रयोग करते। इसके अतिरिक्त कंप्यूटर सजावट की वस्तु तो थी नहीं, जिसे सजाने के लिए घर में रखा जाता।

पहली पीढ़ी के कंप्यूटरों की प्रमुख कमी यह थी कि वे आकार में काफी बड़े और काम में जटिल थे। न केवल उनके प्रयोग को बल्कि उनके प्रचालन को समझना भी काफी कठिन था। इसलिए बहुत कम लोग अपने व्यक्तिगत प्रयोग के लिए कंप्यूटर खरीदते थे। ये तकनीशियन जिस भाषा का आपस में प्रयोग करते थे, जिस तरह से उनका संचालन करते थे और जिस तरह से कंप्यूटरों का प्रयोग करते थे, यह जानना सामान्य लोगों के लिए कठिन था। उन्होंने इस प्रौद्योगिकी को समझने का प्रयास किया, परंतु बाद में निराश होकर कंप्यूटरों और उनके प्रयोक्ताओं को अकेला छोड़ दिया।

जब अधिकांश लोगों ने कंप्यूटरों का परित्याग कर दिया है तो कंप्यूटर के क्षेत्र में क्रांति के क्या आसार हो सकते हैं? जब बिल गेट्स ने घर-घर में कंप्यूटर पहुँचाने की बात की तो लोग उनकी हँसी उड़ाने लगे।

परंतु बिल गेट्स ने सपना देखना नहीं छोड़ा। उन्होंने विश्वास के साथ यह घोषणा की, ''एक समय आएगा, जब हरेक के लिए कंप्यूटर उपयोगी होगा।''

उनके विचार और अभिप्राय बहुत अच्छे थे। परंतु एक ओर कुछ लोग यह सोचते थे कि कंप्यूटर उनके लिए उपयोगी होंगे तो वहीं अनेक यह सोचते थे कि उन्हें कंप्यूटर की आवश्यकता नहीं पड़ेगी। इन परिस्थितियों के अंतर्गत किस प्रकार से कंप्यूटरों को प्रत्येक व्यक्ति के लिए स्वीकार्य बनाया जा सकेगा? उन दिनों कंप्यूटर-प्रेमियों को सब चुनौतियों का सामना करना पड़ रहा था।

यदि किसी विषय को ग्राहकों द्वारा कठिन समझा जाता है तो इसका एक ही हल है कि इसे कम जटिल बनाया जाए। इसी तरह से यदि कंप्यूटरों का अधिकांश लोगों द्वारा प्रयोग किया जाना है तो उनका डिजाइन इस ढंग से किया जाए कि वे कम-से-कम जटिल हों और आसानी से उन्हें संचालित किया जा सके।

आई.बी.एम. कंपनी, जिसने इस समस्या के समाधान के बारे में सोचा, ने अगस्त 1981 में 'पर्सनल कंप्यूटर' (पी.सी.) बनाया। माइक्रोसॉफ्ट कंपनी इन पर्सनल कंप्यूटरों के लिए सॉफ्टवेयर विकसित कर चुकी थी।

जब विप्रो द्वारा निर्मित कंप्यूटर बाजार में आए, तभी अमेरिका में पी.सी. प्रचालन में आए और उन्होंने काफी लोकप्रियता प्राप्त की। कम मूल्य, समस्या-मुक्त प्रचालन और सहज प्रयोग किए जा सकनेवाले सॉफ्टवेयर की वजह से इसने बड़ी 'सिलिकॉन क्रांति' पैदा कर दी।

पी.सी. के प्रचालन से विश्व में लोगों की सोच में परिवर्तन आ गया। कंप्यूटरों के बारे में उनकी राय और पी.सी. से पहले के उनके उदाहरणों में जबरदस्त परिवर्तन आया। उस समय तक कंप्यूटरों को अनुसंधान के उपकरण और कार्यालयों में प्रयोग की जानेवाली एक मशीन समझा जाता था। परंतु अब परिस्थिति भिन्न थी और पी.सी. प्रत्येक घर की आवश्यकता बनने लगा था।

विप्रो, जो इस परिवर्तन का बारीकी से अवलोकन कर रहा था, ने पी.सी. की इस क्रांति में भागीदारी करने का निश्चय किया। इसका अनुसंधान प्रभाग, जो काफी मजबूत था, ने इस उद्देश्य के लिए काम करना आरंभ कर दिया।

अजीम प्रेमजी, जिन्होंने कंप्यूटरों की बिक्री की सफलता का स्वाद चख लिया था, ने इस ओर अधिक ध्यान देना शुरू किया। उनके प्रबंधन विभाग की मजबूत सेना ने इस बारे में उनकी सहायता की।

आई.बी.एम. द्वारा निर्मित कंप्यूटरों के बारे में एक महत्त्वपूर्ण बात यह थी कि वे स्वयं चिप या अन्य हार्डवेयर उपकरणों का निर्माण नहीं करते थे। वे बाजार में आसानी से उपलब्ध उपकरणों को प्राप्त करते थे और उन्हें अपने आई.बी.एम. पी.सी. में असेंबल करते थे।

इसकी तुलना ठीक उस व्यक्ति से की जा सकती है, जो स्पेयरपार्ट्स की दुकान में जाता है और एक साइकिल बनाने के लिए सभी आवश्यक चीजें खरीद लेता है। उसके बाद वह उसे असेंबल करने में चार-पाँच दिन लगाता है और अंत में साइकिल का निर्माण कर डालता है।

इस प्रकार की साइकिल टॉम, डिक और हैरी किसी के द्वारा भी बनाई जा सकती है, क्योंकि कोई भी स्पेयरपार्ट्स खरीदकर उन्हें असेंबल कर सकता है। थोड़ा सा प्रयास करके आप और मैं भी इस प्रकार की साइकिल बना सकते हैं, भले ही इसके लिए प्रयोग की जानेवाली विधि अलग हो।

आई.बी.एम. के पी.सी. भी कुछ इसी तरह के थे। आई.बी.एम. पी.सी. में प्रयोग किए जा रहे उपकरण सभी जगह उपलब्ध थे। उन्हें विप्रो और अन्य कंपनियों द्वारा भी खरीदा जा सकता था और इन्हीं उपकरणों से दूसरा पी.सी. असेंबल किया जा सकता था।

उन दिनों आई.बी.एम. के पर्सनल कंप्यूटरों ने कंप्यूटर बाजार में हलचल मचा रखी थी। इससे पी.सी. की आवश्यकता में तेजी के साथ वृद्धि हुई। आई.बी.एम. की तरह अन्य सभी कंपनियों ने इन अवसरों का फायदा उठाया।

भारत में विप्रो ने इस महान् अवसर के मूल्य को समझा और तुरंत आवश्यक अपेक्षाओं को पूरा करने के लिए जुट गया। प्रारंभिक अवस्थाओं में विप्रो की निरंतर सफलता को निर्धारित करने का एक महत्त्वपूर्ण कारक था—भारत में 'सिलिकॉन क्रांति'।

कंप्यूटर उत्पादन में पर्याप्त सफलता हासिल कर लेने के बाद अजीम प्रेमजी ने एक नए युग में प्रवेश करने का निश्चय किया। इसी दौरान विप्रो ने अपने कंप्यूटरों के लिए सॉफ्टवेयर बनाने पर ध्यान देना शुरू कर दिया।

विप्रो को कंप्यूटर उद्योग में स्थापित करने का निर्णय लेने के बाद अजीम प्रेमजी ने हार्डवेयर या सॉफ्टवेयर का कोई भेद नहीं रखा। उनका विश्वास था कि इस क्षेत्र में ऐसी जानकारी और अनुभव करना अधिक अच्छा होगा, जो लाभदायक हो। यदि इसमें लाभ प्राप्त हो गया तो यह बोनस समझा जाएगा।

कंप्यूटर हार्डवेयर और सॉफ्टवेयर के निर्माण का ध्यान रखने के लिए

सन् 1983 में दो नई कंपनियाँ 'विप्रो इन्फोटेक लिमिटेड' और 'विप्रो सिस्टम' बनाई गईं।

दूसरे वर्ष विप्रो ने माइक्रोसॉफ्ट की तर्ज पर दो नए सॉफ्टवेयरों का विकास किया। वे थे 'वर्ड प्रोसेसर', जो अक्षर व प्रलेखन में मदद करता था और 'विप्रो 456' (एक प्रकार की स्प्रेडशीट), जिसे लेखे और आँकड़े भंडारित करने के लिए प्रयोग किया जा सकता था।

पर यह दुर्भाग्य की बात थी कि इन्हें मार्केट में खरीदनेवाला कोई नहीं था। स्पष्ट तौर से यह कहा जा सकता है कि यह एक बड़ी असफलता थी। परंतु इस असफलता से विप्रो को कुछेक महत्त्वपूर्ण सबक मिले। इन दोनों सॉफ्टवेयरों की असफलता के बाद विप्रो ने सामान्य सॉफ्टवेयरों का विकास करने की बजाय केवल उन्हीं सॉफ्टवेयरों पर ध्यान दिया, जो ग्राहकों द्वारा माँगे जाते थे।

इसके बाद अजीम प्रेमजी ने पहली बार कारोबार को भारत से बाहर ले जाने के बारे में सोचा।

□

ग्लोबल बाजार में प्रवेश

यदि हम भारत में अकसर प्रयोग किए जानेवाले वाक्यों के आँकड़े लें तो पहले वाक्य होंगे—'मैं तुमसे प्यार करता हूँ', 'I love you' और 'मुझसे गलती हो गई', 'I am sorry'। इसके बाद अकसर प्रयोग किया जानेवाला वाक्य क्या होगा?

कोई भी व्यक्ति बिना शंका के कहेगा, 'चीन में निर्मित', 'Made in Chino'!

यद्यपि हम चीन को आसानी से विश्व के मानचित्र में इंगित कर सकते हैं, परंतु यह बताना कठिन है कि चीन के किस भाग में पेन, पेंसिल या खिलौने बनाए जाते हैं। परंतु आज चीन द्वारा निर्मित विभिन्न प्रकार की चीजें विश्व के सभी बड़े बाजारों में उपलब्ध हैं।

वस्तुओं को एक स्थान पर बनाने और उन्हें सारे विश्व में बेचने की तकनीक निर्माण उद्योग में काफी लाभदायी सिद्ध हुई। इस तकनीक द्वारा बड़ी-बड़ी कंपनियाँ अपने निर्माण व्ययों को केवल कुछ ही स्थानों पर संचित करने और अपने बिक्री नेटवर्क को फैलाने में सफल रहीं।

सारांश में, चीन या चेन्नई में निर्मित कोई उत्पाद सारे विश्व में घूमता है और बनानेवाली कंपनी के लिए लाभ अर्जित करता है। इस तकनीक को 'वैश्विक डिलीवरी' कहा जाता है।

सन् 1980 में विप्रो के कंप्यूटर प्रभाग को कुछ हद तक मजबूत किया

गया। विशेष तौर पर इसका अनुसंधान विभाग अंतरराष्ट्रीय मानक के स्तर का बनाया गया। अजीम प्रेमजी ने अनुसंधान विभाग की इस कार्यक्षमता का अत्यधिक स्तर पर प्रयोग करने के तरीकों के बारे में सोचना शुरू किया।

उसके बाद उन्होंने 'वैश्विक डिलीवरी' की तकनीक, जो निर्माण उद्योग को पहले से ही लाभान्वित कर रही थी, का उपयोग 'ग्राहक सेवा कारोबार' में भी करने का विचार किया।

इसे समझने में थोड़ी सी उलझन हो सकती है, परंतु जब हम इसे एक उदाहरण के साथ देखेंगे तो स्पष्ट तौर से समझ में आ सकता है।

मान लीजिए कि आप किसी शहर में मिठाई की एक दुकान चला रहे हैं। आपकी दुकान में बनाई जानेवाली मिठाइयाँ काफी लोकप्रिय हैं और उनकी काफी माँग है। सारे शहर के लोग आपकी दुकान से मिठाई खरीदने आते हैं। अब आप इस माँग का प्रयोग अपने लाभ के लिए करना चाहते हैं। इसलिए आप शहर से बाहर मिठाई बनाने का एक कारखाना स्थापित कर लेते हैं और मिठाई को डिब्बा-बंद करके उसे बिक्री के लिए दूसरे शहर में भेजने लगते हैं। धीरे-धीरे अपनी मिठाइयों को दूसरे शहरों और जिलों में भेजकर आप अपने कारोबार को विकसित करते हैं। इससे आपको लाभदायक आय होने लगती है। अब दूसरे चरण में आप अपनी मिठाइयों को दूसरे प्रदेशों में एवं बाहर के देशों में भेजना शुरू कर देते हैं। इससे आपको अच्छा मुनाफा होने लगता है और साथ ही आपकी तरक्की भी होती है।

जो मिठाई एक छोटी सी दुकान में उपलब्ध होती थी, अब सारे संसार में मिलने लगती है; परंतु आपके लिए बिक्री पर नजर रखना और अंतरराष्ट्रीय स्तर पर ग्राहकों को आपूर्ति करना कठिन हो जाएगा। इसलिए कारोबार पर नजर रखने का यह तरीका एक स्तर पर आपके हाथ से बाहर हो जाएगा।

यहाँ पर एक असाधारण विचार को शामिल करना जरूरी होगा। आपके उत्पादों को बेचने का एक तरीका उन्हें सारे विश्व में भेजना और बेचना है। इसकी बजाय एक दूसरी तकनीक है—ऐसे उत्पादों के निर्माण में सक्षम

विशेषज्ञों को विश्व के विभिन्न भागों में भेजना।

दोनों तकनीकों के बीच अंतर यह है कि पहली विधि के बजाय, जहाँ हम अपने उत्पादों को अंतरराष्ट्रीय स्तर पर बेच रहे थे, आज सिर्फ अपने विशेषज्ञों की सेवाओं को अंतरराष्ट्रीय स्तर पर बेच रहे हैं—यही दूसरी विधि है।

इसकी ऐसी परिस्थिति से तुलना की जा सकती है, जहाँ आपको किसी उत्सव के लिए 100 पैकेट मिठाई के भेजने हैं। आप या तो साफ-सुथरे ढंग से बंद करके उस स्थान पर मिठाई भेज सकते हैं या उस उत्सववाले स्थान पर विशेषज्ञों को भेजकर वहीं मिठाई बनवा सकते हैं।

अब आप मिठाई के स्थान पर जब कंप्यूटरों की कल्पना करेंगे तो आपको अजीम प्रेमजी के विचारों को समझने में आसानी हो जाएगी।

उन दिनों विप्रो के अनुसंधान प्रभाग में अनेक उच्च प्रतिभाशाली लोग मौजूद थे। ये विशेषज्ञ उस प्रौद्योगिकी का उपयोग करते थे, जो दूसरे देशों से आयात की जाती थी; परंतु धीरे-धीरे उन्होंने कंप्यूटर बनाने के प्रत्येक पहलू में अपनी स्वयं की तकनीक का विकास करना आरंभ कर दिया और वे अपने प्रयासों में सफल भी सिद्ध हुए।

विप्रो में अनुसंधान एवं विकास को दिए गए महत्त्व के कारण उन्हें काफी अनुभव भी प्राप्त हो गया। प्रेमजी ने इन विशेषज्ञों के अनुभव को उन कंपनियों को देने के बारे में सोचा, जिन्हें सेवा के आधार पर भारत और विदेश में उनकी जरूरत थी।

इस तरीके से वे कंपनियाँ, जो नए कंप्यूटर या कैलकुलेटर (गणक) बनाती थीं, अपने अनुसंधान के लिए विप्रो के विशेषज्ञों का उपयोग कर सकती थीं। उन्हें विप्रो को उसके द्वारा उपलब्ध की गई सेवाओं के लिए केवल एक तय राशि का भुगतान करना होगा। इसके अलावा जो उत्पाद कंपनी निर्माण करती है, वे उसी के हो जाते हैं।

इसमें कोई शक नहीं कि प्रेमजी द्वारा इस कारोबार में लिया गया यह

निर्णय काफी महत्त्वपूर्ण था। इसके अनेक कारण थे।

पहला, सूचना प्रौद्योगिकी के क्षेत्र में प्रतियोगिता धीरे-धीरे बढ़ रही थी। ऐसा इसलिए भी हुआ, क्योंकि सन् 1990 के आरंभ में जब भारत ने अपनी आर्थिक नीतियों में बदलाव किया तो उसने अनेक विदेशी कंपनियों के लिए कारोबार करने के दरवाजे खोल दिए गए थे।

उन कंपनियों की तुलना में विप्रो केवल एक विकासशील कंपनी थी। इसलिए एक बड़ी अनिश्चितता बनी हुई थी कि क्या विप्रो आधुनिक प्रौद्योगिकी या लागत कम करने के हिसाब से उनके साथ प्रतियोगिता कर पाएगी ?

यदि वह उनके तरीके का अनुसरण करती है और विदेशों में व्यापार करती है तो इसके लिए एक बड़े निवेश की जरूरत पड़ेगी। इसे विश्व बाजार में प्रवेश करने और विश्व स्तर पर एक प्रभाव बनाने से पहले एक बड़े पूँजी निवेश और समय की आवश्यकता होगी।

प्रेमजी ने परिस्थिति का जायजा लिया। उन्होंने देखा कि विप्रो की ताकत ज्ञान अर्जित करने और आधुनिक प्रौद्योगिकी में अनुभव प्राप्त करने में निहित थी। इसलिए उन्होंने कंप्यूटरों को परिष्कृत उत्पाद के रूप में दूसरे देशों में बेचने की बजाय अपने विशेषज्ञों को वहाँ भेजने का निर्णय लिया, जो उसी काम को विभिन्न देशों में कर सकेंगे।

कारोबार तकनीक का स्रोत, जिसे 'सर्विस आउट-सोर्सिंग' कहा जाता है, जो आज काफी लोकप्रिय हो चुकी है, बहुत ही आसान है। उदाहरण के लिए, विभिन्न प्रकार की मिठाइयाँ बनानेवाला एक अनुभवी व्यक्ति ग्राहकों से आदेश प्राप्त करता है और उनकी आवश्यकतानुसार उन्हें मिठाइयाँ भेज देता है। वह अपने सेवा प्रभार के रूप में एक निश्चित राशि लेता है। यही काम अजीम प्रेमजी ने अपने तकनीकी विशेषज्ञों से करवाया।

अंतर केवल यही है कि उन्होंने यह काम आज से 20 वर्ष पहले शुरू किया था। एक तरह से उनके पास इस प्रकार का निर्णय लेने के अलावा

दूसरा कोई चारा भी नहीं था।

उन दिनों विप्रो के उत्पादन और बिक्री प्रभागों की अपेक्षा अनुसंधान प्रभाग काफी बड़ा था। इसलिए भले ही वे सभी लोग प्रतिभाशाली थे, परंतु यदि विशेषज्ञ दल का सही ढंग से उपयोग नहीं किया गया होता तो उन्हें दिया गया वेतन बरबाद हो जाता।

विप्रो इस समय इसी प्रकार की समस्या का सामना कर रहा था। प्रेमजी को कोई संदेह नहीं था कि अनुसंधान कार्य में ही विप्रो की ताकत निहित है। वे एक वर्ष में—ज्यादा-से-ज्यादा एक वर्ष में—एक या दो उत्पादों का निर्माण कर रहे थे। परंतु यदि अनुसंधान दल को वर्ष में सात-आठ महीने तक बिना काम के रहने दिया जाए तो इससे कंपनी को बहुत बड़ी हानि हो सकती थी।

उनके सामने दो विकल्प थे। पहला विकल्प अनुसंधान प्रभाग में कर्मचारियों की संख्या में कमी करना और दूसरा विकल्प उन सभी को नौकरी में रखे रखना तथा वर्ष भर उन्हें व्यस्त रखना था।

प्रेमजी ने दूसरे विकल्प को चुना। उन्होंने अपने अनुसंधान दल के विशेषज्ञों को सेवा आधार पर देने का निश्चय किया।

इसके बाद विप्रो ने घोषणा की कि उनकी अनुसंधान प्रयोगशाला और विशेषज्ञों का दल सेवा के लिए पूरी तरह से उपलब्ध है और उनका मानक अंतरराष्ट्रीय स्तर का है।

इस घोषणा पर त्वरित प्रतिक्रिया हुई। विप्रो द्वारा दी जा रही इस सेवा का लाभ उठाने के लिए अनेक अंतरराष्ट्रीय कंपनियाँ आगे आईं।

प्रेमजी कहते हैं, ''मैं सही ढंग से नहीं बता सकता कि हमारे सेवा प्रभाग का पहला ग्राहक कौन था। शायद मोटोरोला ही रहा होगा। परंतु दूसरा ग्राहक इंटेल था।''

अजीम प्रेमजी का विश्वास था कि शुरुआती ग्राहकों को सर्वोत्तम ग्राहक-सेवा देने से आगे स्वत: ही अतिरिक्त अवसर मिलेंगे। विप्रो के इंजीनियरों ने बहुत कठिन कार्य किया और अनुसंधान प्रभाग को इतना विकसित किया

कि उनका विश्वास सच साबित हो गया।

इस तकनीक का अनुसरण करते हुए विप्रो ने सॉफ्टवेयर में भी विदेशी अवसर प्राप्त करने की कोशिश की—अर्थात् विप्रो के सॉफ्टवेयर विशेषज्ञों को सॉफ्टवेयर का सृजन करने के लिए तय आर्थिक करार के आधार पर दूसरी कंपनियों में भेजने की योजना। यद्यपि यह एक बहुत अच्छी योजना थी, परंतु विप्रो अपेक्षा के अनुसार सॉफ्टवेयर प्रभाग में तेजी से प्रगति नहीं कर पाई।

इसका एक मुख्य कारण यह था कि विप्रो आज की तरह भारत से बाहर ज्यादा लोकप्रिय नहीं थी, हालाँकि उसके पास कुछेक नामी-गिरामी ग्राहक जरूर थे। इसीलिए इस कंपनी की ज्यादा माँग नहीं रही और ग्राहकों को खोजना काफी मुश्किल भरा काम था।

अजीम प्रेमजी ने निश्चय किया कि इस स्थिति को परिवर्तित करने का एक ही तरीका था—ग्राहकों की मनो:स्थिति और विप्रो के बारे में उनकी बेसिक राय में परिवर्तन लाना।

उदाहरण के लिए, यदि कोई कंपनी किसी ग्राहक से प्रश्न पूछे कि वह विप्रो की सेवाओं को क्यों पसंद करता है, तो शायद उसका उत्तर हो सकता है, 'किफायती सेवाएँ।'

इससे यह पता चलता है कि दूसरी सॉफ्टवेयर कंपनियों की तुलना में विप्रो के सेवा प्रभार काफी कम थे। यही उसका पहला प्लस पॉइंट था।

परंतु यह प्रवृत्ति काफी जोखिम भरी थी। यदि कोई ग्राहक विप्रो का चयन केवल इसलिए करता है, क्योंकि यह 'किफायती' है तो वह किसी दूसरी कंपनी, जो इससे अधिक किफायती सेवा देती है, का चयन भी कर सकता है। इससे विप्रो को अपने ग्राहकों का घाटा उठाना पड़ सकता था।

इस जोखिम को हटाने के लिए क्या किया जा सकता था?

यह आम राय कि 'विप्रो द्वारा दी जानेवाली सेवाएँ सस्ती हैं', बदलनी चाहिए। इसकी बजाय ग्राहकों को यह महसूस होना चाहिए कि 'विप्रो की

सेवाएँ सर्वोत्तम हैं, ये अंतरराष्ट्रीय मानकों की हैं और विप्रो की वजह से ही हमारी कंपनी का महत्त्व बढ़ा है।' यदि विप्रो यह उपलब्धि हासिल कर ले तो उसके ग्राहकों द्वारा किफायती सेवाओं के लिए दूसरी कंपनियाँ ढूँढ़ने का कोई डर नहीं होगा।

अजीम प्रेमजी की इस योजना को पूरा करने के लिए विप्रो को कठिन प्रयास करने की आवश्यकता थी। विप्रो के विशेषज्ञों को स्वयं को साबित करने के लिए प्रतिकूल एवं अपरिचित परिस्थितियों में काम करते हुए अधिकाधिक प्रयास करने होंगे।

सन् 1980 में भारतीय कंपनियों में काम कर रहे लोगों को अमेरिका या अन्य किसी बाहरी देश की यात्रा के लिए काफी प्रतिबंधों का सामना करना पड़ता था, भले ही वे अपनी कंपनी की ओर से कार्यालयी उद्‍देश्यों के लिए क्यों न जा रहे हों! इसलिए विप्रो को सरकार के साथ-साथ विदेशी ग्राहकों की संतुष्टि के लिए भी कार्य करने की बाध्यता थी।

विप्रो ने सभी अपेक्षाओं को पूरा किया और अनेक कठिनाइयों के बीच अपने कर्मचारियों को अमेरिका भेजा। इसके बदले में केवल एक चीज की आवश्यकता थी—ग्राहकों की अधिकाधिक संख्या और उनकी संतुष्टि।

प्रेमजी का विश्वास था कि यदि कंपनी ने केवल ग्राहक-संतुष्टि पर पूरे तौर से ध्यान दिया तो स्वयं ग्राहक ही विप्रो के मानदेय विक्रेता और विज्ञापक हो जाएँगे। उन्होंने ग्राहकों की संतुष्टि पर अधिक ध्यान देना शुरू किया।

विप्रो के कर्मचारियों, जो ग्राहकों की संख्या और ग्राहक-संतुष्टि को बढ़ाने के एकमात्र उद्‍देश्य के साथ अमेरिका गए थे, को अनेक चीजों के साथ समझौता करके विप्रो के खर्चों में बचत करनी पड़ी। उनमें से अनेक कर्मचारियों ने अपने दफ्तरों को ही घर बना लिया। खर्च कम करने के लिए वे 2-3 के समूह में होटलों में ठहरते थे।

इस प्रकार उन्होंने कई प्रकार से कंपनी के खर्च को कम किया और

विप्रो के लिए नए ग्राहक तलाशे। विप्रो के प्रतिनिधियों ने अमेरिका में कोई शहर नहीं छोड़ा। वे एक शहर से दूसरे शहर में गए और प्रत्येक बड़ी व छोटी कंपनियों के दरवाजों पर दस्तक दी।

इन प्रयासों से परिणाम तत्काल नहीं मिले। अनेक कंपनियों ने विप्रो के प्रतिनिधियों से मिलने से साफ इनकार कर दिया। कुछ अन्य कंपनियों ने उनकी बातों को विस्तार से सुना और उनसे बाद में बात करने का आश्वासन दिया।

उन कंपनियों में से 90 प्रतिशत ने विप्रो से संपर्क करने की परवाह ही नहीं की। फिर भी विप्रो ने अपने प्रयासों को छोड़ा नहीं और वह विश्वास के साथ काम करती गई।

कुछेक वर्षों तक विप्रो के लिए कंप्यूटर का निर्माण एक विदेशी वस्तु जैसा था। उन्होंने अपेक्षित प्रौद्योगिकी का आयात करने और उसके पश्चात् कठिन परिश्रम करके इसका विकास किया था।

एक बार कंप्यूटर बाजार में लोकप्रिय हो जाने के बाद विप्रो ने अपने कर्मचारियों के कठिन परिश्रम का भरपूर उपयोग किया और उनका निवेश हार्डवेयर प्रभाग में भी किया। वे इसमें सफल रहे।

इन दोनों विभागों की तुलना करने के बाद अजीम प्रेमजी को सॉफ्टवेयर प्रभाग काफी चुनौती भरा लगा; क्योंकि उस समय तक अनेक सॉफ्टवेयर कंपनियाँ फैल चुकी थीं और वे सॉफ्टवेयर बनाकर क्रांति पैदा कर रही थीं। अब विप्रो को भी सॉफ्टवेयर सेवाओं में अपनी गुणवत्ता और मूल्य को सिद्ध करना था।

हार्डवेयर की तुलना में विप्रो को सॉफ्टवेयर का अनुभव अपर्याप्त था। फिर भी, प्रेमजी को विश्वास था कि उसकी कंपनी इस उद्योग में सफलता हासिल करेगी। इसलिए विप्रो ने सॉफ्टवेयर उद्योग में भी नए ग्राहकों की तलाश शुरू कर दी।

ऐसी स्थिति में विप्रो को एक बहुत महत्त्वपूर्ण और बड़ा ग्राहक 'जी.ई.' या 'जनरल इलेक्ट्रिक' मिला।

विप्रो पहले ही भारत में जी.ई. के लिए चिकित्सा उपकरणों के निर्माण और बिक्री के काम में लगा हुआ था। इसलिए कुछ सीमा तक विप्रो का नाम जी.ई. की परिधि में पहले से ही लोकप्रिय था।

यद्यपि चिकित्सा उपकरणों के निर्माण और सॉफ्टवेयर बनाने के बीच में कोई संबंध नहीं है, परंतु इससे विप्रो को जी.ई. के उच्च अधिकारियों के साथ शुरुआत करने में काफी मदद मिली। विप्रो प्रतिनिधि अपने संपर्कों की मार्फत वहाँ आसानी से प्रवेश पा सकते थे। जी.ई. भी उनके साथ आदरपूर्ण व्यवहार करता था।

विप्रो के लिए यह अवसर काफी था। वे सबूत के साथ प्रौद्योगिकी में अपनी जानकारी एवं अनुभव को प्रस्तुत कर सके और जी.ई. से कुछ सॉफ्टवेयर डेवलप करने का ऑर्डर प्राप्त करने में कामयाब रहे।

जी.ई. का काम उतना अधिक महत्त्वपूर्ण और बड़ा नहीं था। इसमें प्रमुख तौर पर छोटे-छोटे आवंटन, जैसे कंप्यूटरों का अनुरक्षण और उनकी आवश्यकता के मुताबिक सॉफ्टवेयर बनाना शामिल था। अमेरिका में जी.ई. को एक बहुत बड़ी कंपनी माना जाता था, इसलिए जी.ई. को अपना ग्राहक बताना उनके लिए लाभप्रद सिद्ध हुआ।

साथ ही 'जनरल इलेक्ट्रिक' के सी.ई.ओ. और प्रसिद्ध प्रबंधन/प्रशासन विशेषज्ञ जैक वेल्च ने अपनी राय व्यक्त की कि भारत में सूचना प्रौद्योगिकी के क्षेत्र में वृद्धि के जबरदस्त आसार हैं। वेल्च, जो भारत दौरे के दौरान अजीम प्रेमजी से पहले ही मिल चुके थे, को विप्रो पर पूरा भरोसा था।

उन दिनों जी.ई. उन विदेशी कंपनियों में से एक महत्त्वपूर्ण कंपनी थी, जो बड़े पैमाने पर सॉफ्टवेयर का आयात किया करती थी। जी.ई. के साथ काम करना विप्रो के लिए भारत और विदेश में अनेक प्रकार से लाभप्रद साबित हुआ। जी.ई. के विप्रो को दिए गए अनेक आवंटनों का देखते हुए अनेक दूसरी कंपनियाँ भी उसे आवंटन सुपुर्द करने के लिए आगे आईं।

यह एक अच्छा इशारा था। परंतु अजीम प्रेमजी ने माना कि केवल

यही पहचान विप्रो के लिए पर्याप्त नहीं थी। इसलिए उन्होंने ग्राहकों को संतुष्ट करने की एक अन्य महत्त्वपूर्ण तकनीक खोज निकाली।

सॉफ्टवेयर का निर्माण करनेवाली कंपनियों के लिए कंप्यूटर उद्योग में कुछेक अंतरराष्ट्रीय नियम व विनियम और प्रमाणित मानक होते हैं। केवल वे ही कंपनियाँ गुणवत्ता सेवा प्रदान करा सकती हैं, जो इन नियमों व विनियमों का पालन करती हैं।

अजीम प्रेमजी ने निश्चय किया कि अब मानक का यह अंतरराष्ट्रीय प्रमाण-पत्र उसका अगला लक्ष्य होगा। इससे न केवल विप्रो में प्रयुक्त विधियों का विस्तार होगा, बल्कि इससे ग्राहकों का त्वरित विश्वास भी प्राप्त होगा।

संगठन के भीतर एक गैर-सरकारी आदेश पारित किया गया कि विप्रो को सॉफ्टवेयर सेवाओं और प्रमाण-पत्र हासिल करने के लिए आवश्यक नियमों व विनियमों का अनुसरण करना चाहिए।

विप्रो ने सन् 1995 में 'आई.एस.ओ. 9000' मानक प्रमाण-पत्र प्राप्त किया। उस वर्ष से विप्रो ने गुणवत्ता के मानक को ऊपर उठाने के लिए लगातार योगदान दिया। विप्रो के कर्मचारियों ने कंपनी के प्रत्येक कार्य के विनियमीकरण और मानकीकरण के लिए कठिन प्रयास किया।

सुनिश्चित मानकों को बरकरार रखने के इस कठिन कार्य और निष्ठापूर्ण प्रयासों को ग्राहकों द्वारा खूब सराहा गया। विप्रो ने तेजी से सेवा-क्षेत्र में विकास करना आरंभ कर दिया।

विगत वर्षों से सुनिश्चितता से अपनाई जा रही मानक की गुणवत्ता को आज भी बरकरार रखा गया है।

इसी समय दो महत्त्वपूर्ण घटनाएँ हुईं, जिन्होंने विप्रो की वृद्धि के अगले चरण को निर्धारित किया। यदि कोई व्यक्ति घटनाओं के महत्त्व और इसके निर्मित प्रभावों के बारे में सोचे तो उन्हें 'दो क्रांतियाँ' या 'दो भूकंप' कहना उपयुक्त होगा।

□

कंप्यूटर बाजार में विप्रो की धाक

सन् 1990 में सूचना प्रौद्योगिकी के क्षेत्र में हलचल मचाने के लिए दो चीजें जिम्मेदार थीं। पहली ने भारी खुशी पैदा की, दूसरी सभी के लिए उत्सुकता लेकर आई।

विश्व को आज से 40 वर्ष पहले इंटरनेट का ज्ञान हुआ। परंतु अधिकतर लोगों को इसके बारे में पता नहीं था। इंटरनेट को प्रयोग करनेवाले व्यक्ति बहुत कम थे। वैज्ञानिक, शिक्षाविद् और सेना के अधिकारी ही कुछ ऐसे लोग थे, जो सूचना वितरण के लिए इंटरनेट का प्रयोग करते थे।

सन् 1991 में इंटरनेट को सभी के लिए जारी कर दिया गया। नेट सर्फिंग को आसान और कम जटिल बनाने के लिए विनियमों के अनेक मानक निर्धारित किए गए। उसके बाद वेब पृष्ठों पर प्रयोक्ताओं को जानकारी लेने में सहायता के लिए 'ब्राउजर' का आविष्कार किया गया।

आसान शब्दों में, इंटरनेट आपस में जुड़े हजारों कंप्यूटरों का एक नेटवर्क है। इस नेटवर्क से जुड़े कंप्यूटरों की सही संख्या बताना असंभव है। इन कंप्यूटरों में एकत्रित सूचना, जिसे सारे विश्व में प्रसारित किया जा सकता है, तक विश्व का कोई भी व्यक्ति पहुँचा सकता है और इसका प्रयोग कर सकता है।

इंटरनेट को सूचना एवं संप्रेषण के लिए प्रयोग करने की योजना पिछले केवल 10 वर्षों से चली है। इस प्रौद्योगिकी के माध्यम से लोग

विश्व के किसी भी भाग में रह रहे अपने नजदीकी और प्रियजन से सूचना का आदान-प्रदान कर सकते हैं।

एक बार इंटरनेट के लोकप्रिय हो जाने के बाद धनी-मानी कारोबारियों ने इस सहूलियत के अधिकतम प्रयोग की संभावनाओं का विश्लेषण करना आरंभ कर दिया। तब उन्हें पता चला कि अंतरराष्ट्रीय स्तर पर व्यापार संचालित करने के लिए इंटरनेट काफी सहायता कर सकता है।

उदाहरण के लिए, हम यह कल्पना करते हैं कि ऑस्ट्रेलिया या अमेरिका में स्थित कोई कंपनी विप्रो की सॉफ्टवेयर सेवाओं का उपयोग करना चाहती है। विप्रो के विशेषज्ञों को सेवाएँ देने के लिए उस देश तक की यात्रा करने की जरूरत नहीं है। उन्हें केवल इंटरनेट के माध्यम से उस संबंधित कंपनी से अपेक्षित सूचना का आदान-प्रदान करना होता है।

उसके बाद विप्रो के विभिन्न क्षेत्रों, जैसे—बंगलौर, चेन्नई या मुंबई में बैठे कर्मचारी इस सूचना का प्रयोग करते हैं और सॉफ्टवेयर के लिए जरूरी कार्यक्रमों को तैयार करते तथा लिखते हैं।

कुछ ही सप्ताह के भीतर अमेरिका की ग्राहक कंपनी को आवश्यक सॉफ्टवेयर प्राप्त हो जाता है। अब इसे उस विशेष कंपनी में अधिष्ठापित, प्रदर्शित और परीक्षित करने की आवश्यकता पड़ती है।

इस अवस्था में भी इंटरनेट तैयार मिलता है। अपेक्षित सॉफ्टवेयर को यहीं से नेट के माध्यम से भेजा जा सकता है और उस विदेशी कंपनी के कंप्यूटर में अधिष्ठापित किया जा सकता है और अंत में उसकी जाँच भी पूरी कर दी जाती है। यह सबकुछ केवल इंटरनेट से ही संभव हो पाया है।

सबसे अंतिम और महत्त्वपूर्ण बात यह है कि छोटी-मोटी समस्याओं का समाधान करने के कारण ग्राहकों को युक्तियाँ मिलने में आसानी होती है और इंटरनेट के कारण ऑन-लाइन प्रशिक्षण दिया जाना भी संभव हो पाया है।

विप्रो जैसी कंपनी के लिए यह दोहरा लाभ था। पहला, वे अपने

कर्मचारियों के विदेश में जानेवाले दौरों को कम कर सकते थे; दूसरा, सबसे महत्त्वपूर्ण लाभ यह था कि ग्राहकों की शिकायतों की तरफ तुरंत ध्यान दिया जा सकता था, जिससे ग्राहकों को काफी संतुष्टि मिलती थी।

इन दो लाभों के अलावा एक तीसरा लाभ भी था। यही विप्रो के पिछले दस वर्षों में जबरदस्त विकास का कारण भी था।

आज के विश्व में जहाँ प्रत्येक चीज कंप्यूटरीकृत हो चुकी है, एक सॉफ्टवेयर ही कंपनी की मौजूदगी को निर्धारित करता है। इस स्थिति में कई विदेशी कंपनियाँ भारत में स्थित किसी कंपनी को सॉफ्टवेयर बनाने और उसे अनुरक्षित करने का काम सौंपने के प्रति आशंकित थीं। उन्हें यह भी यकीन नहीं था कि यदि भविष्य में किसी प्रकार की समस्या पैदा होती है तो क्या वह कंपनी तुरंत काररवाई करने और परिस्थिति को नियंत्रण में लाने में कामयाब होगी?

इंटरनेट ने इन सभी शंकाओं और डरों का समाधान कर दिया। सारे विश्व को इंटरनेट के साथ संयोजित कर देने के बाद अब दूरी का कोई अर्थ नहीं रह गया था, चाहे कोई व्यक्ति दिल्ली से या न्यूयॉर्क से ही काम क्यों न कर रहा हो। आम चिंता का कारण था—उस कार्य को प्रभावी ढंग से करने की कार्यक्षमता।

विप्रो ने मनोवृत्ति में आए इस बदलाव का उपयोग अपने फायदे के लिए किया। उसने इंटरनेट के माध्यम से सेवा मुहैया कराने के लिए नियमों का बारीकी से अनुसरण किया और इन सेवाओं के आधार पर उसने नए ग्राहकों को भी आकर्षित करना आरंभ कर दिया।

अब जबकि इंटरनेट के कारण काम काफी आसान हो चुका था, वे इंटरनेट के माध्यम से अपने ग्राहकों को निरंतर और गुणवत्तापूर्ण सेवाओं का आश्वासन देकर उन्हें यकीन दिला सकते थे। इससे विप्रो को अपने ग्राहकों का विश्वास जीतने में सहायता मिली।

इसके अलावा सन् 1990 में Y2K की समस्या ने सॉफ्टवेयर के विश्व

में बहुत बड़ी हलचल मचा दी थी।

Y2K 'सन् 2000' का संक्षिप्त रूप था। यहाँ K का तात्पर्य किलो अर्थात् हजार से था। 2K का अर्थ था 2000। इसलिए Y2K का तात्पर्य '2000' से था।

सॉफ्टवेयर में उल्लिखित तारीखों, जिन्हें सदी के अंतिम भाग में तैयार किया गया था, में किसी वर्ष को बताने के लिए केवल दो अंकों की आवश्यकता होती थी। उदाहरण के लिए, '69' का संबंध सन् 1969 और '87' का संबंध सन् 1987 से था।

सन् 1999 के अंत तक इस संदर्भ का अनुसरण करने में किसी प्रकार की समस्या नहीं थी। परंतु सन् 2000 अर्थात् Y2K के आरंभ के बाद किसी वर्ष को केवल दो अंकों से दिखाना कठिन हो जाना था।

यदि 00 लिखा जाए तो इसका तात्पर्य या तो 1900 या 2000 हो सकता था। कंप्यूटर कैसे समझ पाता कि यहाँ किस वर्ष का उल्लेख किया जा रहा है ? हम '69' लिखते हैं तो इसका मतलब 1969 होगा या 2069 ?

यह Y2K की यह प्रमुख समस्या थी। किसी वर्ष का उल्लेख करने के लिए दो अंक पर्याप्त नहीं होंगे। उसके लिए चार अंकों की आवश्यकता थी। इस समस्या को दूर करने के लिए किसी भी वर्ष को चार अंकों में लिखना अधिक अच्छा रहेगा। इसलिए अब '69' की जगह सन् 1969 लिखा जाना चाहिए।

यह सबकुछ तो सही था और इसे भविष्य के सॉफ्टवेयरों में अपनाया भी जा सकता था; परंतु उन सॉफ्टवेयरों का क्या होगा, जिन्हें विश्व भर के लाखों-करोड़ों कंप्यूटरों में पहले से प्रयोग किया जा रहा था ?

इस समस्या का पूरी तरह से विश्लेषण करने के बाद ही यह बात सबकी समझ में आई। इस समस्या का समाधान 31 दिसंबर, 1999 की अर्द्धरात्रि तक हो जाना चाहिए था, अन्यथा इससे उपजे संकट के बारे में कल्पना करना भी कठिन होगा। इससे सारा सॉफ्टवेयर उद्योग भयभीत हो गया।

सारे विश्व में पिछले अनेक वर्षों से विकसित किए गए सॉफ्टवेयरों को सही करना कोई आसान काम नहीं था। इसके लिए सॉफ्टवेयर इंजीनियरों की बड़ी संख्या में आवश्यकता थी।

विप्रो ने इस अवसर का भी लाभ उठाया। वैसे देखा जाए तो Y2K की चुनौती कोई मुश्किल चुनौती नहीं थी और इसे आसानी से हल किया जा सकता था। परंतु यह एक नीरस कार्य था, जिसमें विशेषज्ञों को घंटों तक कंप्यूटरों के सामने बैठे रहना पड़ता था। कुल मिलाकर यह बड़ा ही उबाऊ कार्य था।

इस Y2K समस्या के कारण विप्रो को अनेक नए ग्राहक मिल गए। यदि वह इन कंपनियों के लिए Y2K के समस्या का समाधान करने में सफल रहा तो उसके लिए अनेक और आवंटन प्राप्त करने के अवसर थे।

प्रेमजी ने इस बात पर जोर दिया कि Y2K समस्या को एक छोटे-मोटे आवंटन के तौर पर नहीं लिया जाना चाहिए और इस कार्य को सही ढंग से पूरा करना अत्यंत आवश्यक है।

इस बार प्रेमजी के आकलन असफल नहीं रहे। यही वह समय था, जब विप्रो के विदेशी ग्राहकों की संख्या में व्यापक वृद्धि हुई। विदेशियों की राय में विप्रो के प्रति निष्ठा, विश्वास और सम्मान में कई गुना वृद्धि हो गई।

उन ग्राहकों की मनोवृत्ति में बहुत बड़ा परिवर्तन आया, जो विप्रो को उतने महत्त्वपूर्ण आवंटन नहीं दिया करते थे। उन्होंने विश्वास के साथ अपनी महत्त्वपूर्ण सेवाओं के लिए विप्रो की सेवाओं का प्रयोग करना आरंभ कर दिया।

इससे विप्रो के बहुराष्ट्रीय विस्तार में बदलाव आया। उसने यह साबित कर दिया कि वह विस्तृत और जटिल कार्यों को भी बड़ी कुशलता के साथ पूरा कर सकता था, और इसी से उसे अधिकाधिक अवसर भी प्राप्त हुए। अजीम प्रेमजी ने इस स्थिति का लाभ उठाना चाहा और विप्रो को अंतरराष्ट्रीय ब्रांड के तौर पर स्थापित करने की कामना की।

यह सही समय पर लिया गया सही निर्णय था। विप्रो के उत्पाद बाजार में आधी सदी से अधिक समय से उपलब्ध हो रहे थे। अब विप्रो को अस्तित्व

में आए हुए 20 वर्ष से अधिक हो चुके थे। परंतु अब तक इस नाम ने ग्राहकों के दिमाग में उतनी बड़ी छाप नहीं छोड़ी थी।

इसका कारण यह था कि विप्रो का प्रत्येक उत्पाद अलग ढंग से डिजाइन किया गया था। यदि कुछेक उत्पादों में बड़े-बड़े अक्षरों में 'W' लिखा रहता था तो किसी में यह था ही नहीं।

अजीम प्रेमजी ने इन सभी विसंगतियों को दूर करने तथा विप्रो की स्पष्ट छवि स्थापित करने का निश्चय किया। उन्होंने विप्रो के लिए एक सुस्पष्ट 'लोगो' को डिजाइन करने की जिम्मेदारी का काम 'एस.एस.डी.' (साइनिंग स्ट्रेटेजिक डिजाइन) कंपनी को सुपुर्द किया।

'एस.एस.डी.' के शोंबित सेनगुप्ता ने विप्रो के वर्तमान 'लोगो' का डिजाइन तैयार किया। सन् 1996 में जब उन्होंने 'लोगो' के डिजाइन पर काम शुरू किया तो उन्हें जबरदस्त चुनौती का सामना करना पड़ा।

सेनगुप्ता की जो महत्त्वपूर्ण आशंकाएँ थी, वे थीं विप्रो किस प्रकार की कंपनी है? चूँकि कंपनी खाद्य तेल, औद्योगिक उपकरण, चिकित्सा उपस्करों, कंप्यूटरों और सॉफ्टवेयर सेवाओं के निर्माण में लगी हुई थी, इसलिए इन सभी विभिन्न क्षेत्रों को एकजुट करने का सामान्य संकेत क्या हो सकता था? क्या वास्तव में इन सभी क्षेत्रों के बीच कोई एक सामान्य चीज हो सकती है या नहीं, इत्यादि।

'विप्रो' शब्द का कोई प्रत्यक्ष अर्थ नहीं था। इन परिस्थितियों के अंतर्गत सेनगुप्ता 'लोगो' का चयन करने में थोड़े असमंजस में थे। इसलिए उन्होंने एक अलग आयाम से सोचना शुरू किया। उपर्युक्त क्षेत्रों में विप्रो के प्रति ग्राहकों की क्या छाप है? विप्रो बदले में उनके लिए क्या कर रही है? कंपनी के महत्त्वपूर्ण केंद्रबिंदु क्या हैं?

इस विधि द्वारा विश्लेषण करने पर चार बेसिक मूल्य सामने आए—

- नवीनता,
- ईमानदारी/निष्ठा,

- मानव-मूल्य,
- पैसे का पूरा भुगतान।

शोबित सेनगुप्ता ने इन सभी नियमों को ध्यान रखते हुए विप्रो के लिए 'लोगो' तैयार किया। 'लोगो', जिसे 'रेनबो फ्लावर' कहा गया, में एक सुंदर सूरजमुखी का फूल था। उसमें अनेक रंग चढ़ाए गए थे, जो इंद्रधनुष को प्रदर्शित करते थे। इस 'लोगो' के नीचे एक नारा था—'विचार अनुप्रयोग'—'Applying thought'.

'रेनबो फ्लावर'—'इंद्रधनुषी फूल' की चमक पारदर्शिता एवं ईमानदारी की द्योतक है। इसकी स्फूर्तिदायक आकृति मानव सिद्धांतों को दिए जानेवाले महत्त्व की प्रतीक है। इसका केंद्रीय भाग नवीन विचारों को प्रदर्शित करता है। इंद्रधनुष एक बहुत सामान्य घटना है, परंतु यह हमेशा आँखों को भाता है। यह उस सम्मान को प्रदर्शित करता है, जो विप्रो अपने ग्राहकों की अपेक्षाओं के मुताबिक उन्हें देता है और जो उनके निवेश के लिए समुचित सेवाएँ प्रदान करता है।

अंत में, 'विचार अनुप्रयोग' विप्रो द्वारा अपने ग्राहकों की आवश्यकताओं को पूरा करने के लिए प्रयोग किए जानेवाले निरंतर आविष्कारों और आविष्कारीय विचारों को प्रदर्शित करता है।

'इंद्रधनुषी फूल' का 'लोगो', जिसे सन् 1998 में जारी किया गया था, ने विप्रो को एक नवीन एवं तरुण संकल्पना प्रदान की। विप्रो ने इस ब्रांड का विज्ञापन करने, सामान्य रूप से आम लोगों और विशेष तौर पर इसके ग्राहकों तक इसे पहुँचाने के लिए काफी पैसा खर्च किया।

इस अवधि के दौरान विप्रो के आंतरिक संगठन में कुछेक महत्त्वपूर्ण परिवर्तन आए। इसका मुख्यालय मुंबई से बंगलौर स्थानांतरित हो गया। बड़े-बड़े कार्यालय स्थापित किए गए, और यहाँ तक कि अजीम प्रेमजी भी बंगलौर में रहने लगे।

विप्रो का नाम 'अंतरराष्ट्रीय मंत्र' लोकप्रिय होने लगा। इस खुशी के मौके

पर एक अनहोनी घटी, जो खुशी में एक बाधक बनी।

अशोक सूटा, जो प्रौद्योगिकी प्रभाग के पंद्रह वर्षों से प्रमुख थे, ने सन् 1999 में विप्रो को छोड़ दिया और अपनी स्वयं की कंपनी आरंभ करने का निर्णय लिया।

न केवल उन्होंने बल्कि अनेक लोगों ने, जो महत्त्वपूर्ण पदों पर काम कर रहे थे, विप्रो को छोड़ने का निर्णय ले लिया। कारोबारी पत्रिकाओं ने यह विश्लेषण करना आरंभ कर द्रिया कि क्या उनके कंपनी छोड़ने से संगठन को बड़ा आघात पहुँचेगा, और यदि पहुँचेगा तो क्या ? क्या अजीम प्रेमजी उनके बिना उद्योग में टिके रह सकेंगे ?

ऐसी परिस्थितियों के अंतर्गत विप्रो को एक ऐसे सक्षम व समर्थ निदेशक की आवश्यकता थी, जो विप्रो को अगले स्तर तक ले जाने और प्रौद्योगिकी प्रभाग को स्थिरता प्रदान करने की जिम्मेदारी ले सके। प्रेमजी ने इस पद के लिए जिस व्यक्ति का चयन किया, वे थे विवेक पाल।

विवेक पाल, जो मुख्य तौर पर एक इंजीनियर थे, का पालन-पोषण भारत में हुआ था। उसके बाद उन्होंने मैसाच्यूसेट्स विश्वविद्यालय से एम.बी.ए. की पढ़ाई की और वे 'जनरल इलेक्ट्रिक' कंपनी में एक महत्त्वपूर्ण पद पर काम कर रहे थे।

विवेक पाल पहले चिकित्सा उपस्कर निर्माण करनेवाले प्रभाग में काम कर चुके थे, जिसे विप्रो एवं जी.ई. द्वारा संयुक्त रूप से चलाया जाता था। अजीम प्रेमजी उनकी निर्भीक एवं काम करने की ओजस्वी शैली से प्रभावित थे।

उन्होंने यह निर्णय लिया कि विप्रो प्रौद्योगिकियों द्वारा झेली जा रही नई चुनौतियों को सुलझाने के लिए विवेक पाल ही सही व्यक्ति होंगे। उन्हें भरोसा था कि श्री पाल विकास के आगामी स्तर के बारे में उपजी शंकाओं का निराकरण करने में भी सफल रहेंगे।

□

विप्रो समूह की कंपनियाँ

जी.ई.—जनरल इलेक्ट्रिक कंपनी का विप्रो के इतिहास में महत्त्वपूर्ण स्थान रहा है। आरंभ में विप्रो ने चिकित्सा उपस्कर बनाने के लिए जी.ई. के साथ मिलकर काम किया। बाद में जब विप्रो ने कंप्यूटर सॉफ्टवेयर सेवा उद्योग में प्रवेश किया तो जनरल इलेक्ट्रिक कंपनी उनके कुछेक प्रथम महत्त्वपूर्ण ग्राहकों में शामिल थी।

केवल जब जनरल इलेक्ट्रिक कंपनी ने विप्रो की सॉफ्टवेयर सेवाओं का प्रयोग करना आरंभ किया, तभी विप्रो ने अंतरराष्ट्रीय स्तर पर बड़ी उपलब्धि हासिल की। इसलिए उनके ऊपर विश्वास रखने और उन्हें महत्त्वपूर्ण आवंटन देने के लिए अजीम प्रेमजी और विप्रो का जी.ई. के प्रति विशेष सम्मान है।

परंतु जब सन् 1999 में जी.ई. ने निवेश करने की इच्छा जताई तो विप्रो ने उनके इस प्रस्ताव को ठुकरा दिया।

दूसरे वर्ष यह अफवाह चल पड़ी कि माइक्रोसॉफ्ट कंपनी अपने 10 प्रतिशत शेयरों को विप्रो में निवेश करने जा रही है। जब पत्रकारों ने इसके बारे में अजीम प्रेमजी से पूछा तो उन्होंने यह घोषणा की कि ऐसा होने की कोई संभावना नहीं थी।

यह ध्यान में रखना महत्त्वपूर्ण है कि इस प्रकार की घटनाओं से विप्रो के माइक्रोसॉफ्ट या जी.ई. के साथ के संबंधों में किसी प्रकार की दरार नहीं

पड़ी। जब कारोबार की बात आती है तो विप्रो हमेशा अपने फैसले स्वयं लेती है।

अजीम प्रेमजी विप्रो पर किसी और का नियंत्रण नहीं होने देना चाहते थे। यद्यपि उन्होंने अन्य कंपनियों के साथ मिलकर काम किया, परंतु विप्रो की बागडोर को दूसरी कंपनी के हाथों में नहीं जाने दिया।

विप्रो के कुल शेयरों में तीन-चौथाई अजीम प्रेमजी के पास हैं। इसलिए तुरंत ऐसे जोखिम की कोई संभावना नहीं है। परंतु यहाँ पर एक मजेदार प्रश्न पूछा जा सकता है—अजीम प्रेमजी, जिनके पास पब्लिक लिमिटेड कंपनी के शेयरों का प्रमुख भाग है, दूसरी कंपनियों के हस्तक्षेप के बिना कंपनी को कैसे चला सकेंगे?

यदि हम पिछले 10-15 वर्षों की भारत में सूचना प्रौद्योगिकी में सबसे बढ़िया ढंग से काम कर रही कंपनियों की सूची देखें तो प्रथम तीन कंपनियों की स्थितियों में कोई परिवर्तन नहीं मिलेगा।

बार-बार टी.सी.एस., इन्फोसिस और विप्रो ही प्रथम तीन स्थानों पर आती रही हैं। उनकी स्थितियों में आपस में परिवर्तन हो सकता है, परंतु दूसरी कंपनियों से तुलना करने पर इसमें कोई आशंका नहीं रहती है कि इन तीनों कंपनियों ने ही महान् प्रतिष्ठा हासिल की है।

इन तीनों कंपनियों ने एक साथ काम करना आरंभ किया था। पिछले 25 वर्षों से ये कंपनियाँ एक-दूसरे के साथ कठिन स्पर्धा करती आ रही हैं। आज तक ये कंपनियाँ भारतीय सूचना प्रौद्योगिकी की रीढ़ की हड्डी बनी हुई हैं।

टी.सी.एस. और इन्फोसिस से तुलना करने पर विप्रो बहु-फलकित कंपनी प्रतीत होती है। वे दोनों कंपनियाँ केवल सॉफ्टवेयर पर ही ध्यान देती हैं, जबकि विप्रो हार्डवेयर में भी दखल रखती है।

इसके अतिरिक्त विप्रो अभी भी अपने प्रारंभिक उत्पादों, जैसे—खाद्य तेल, साबुन, इलेक्ट्रिक बल्ब, डायपर्स इत्यादि का निर्माण कर रहा है।

इसकी वजह से विप्रो टी.सी.एस. एवं इन्फोसिस की तुलना में लोगों के बीच अधिक लोकप्रिय है।

विप्रो में ये अनुपम विशेषताएँ भले ही क्यों न हों, परंतु सच यह है कि यह किसी भी उद्योग में अव्वल स्थान नहीं बना पाई है।

इसमें कोई शक नहीं कि विप्रो भारतीय वाणिज्य उद्योग में एक महत्त्वपूर्ण कंपनी है। इसने सॉफ्टवेयर से लेकर खाना पकाने के तेल तक अपनी प्रभावी छाप बना रखी है। परंतु कंपनी कभी भी पहला स्थान हासिल नहीं कर पाई, आखिर क्यों?

इसका उत्तर केवल अजीम प्रेमजी ही दे सकते हैं, जो पिछले 40 वर्षों से विप्रो के अध्यक्ष रहे हैं।

जब सन् 1966 में अजीम प्रेमजी विप्रो के अध्यक्ष बने तो कंपनी केवल खाद्य तेल का निर्माण करती थी। इससे पहले 20 वर्षों तक उनके पिता एम.एच. प्रेमजी द्वारा कंपनी में कोई बड़े परिवर्तन नहीं लाए गए।

एम.एच. प्रेमजी की काम करने की कठिन प्रकृति के बारे में कोई दूसरी राय नहीं है। परंतु गुणवत्ता-युक्त तेल का निर्माण करने और उसे सभी जगह बेचने के अलावा उनके पास विप्रो के लिए कोई अन्य स्वाप्निल योजनाएँ नहीं थीं। ज्यादा-से-ज्यादा वे अपने तेल के कारोबार को बड़ी सीमा तक फैला सकते थे। इसके अलावा हम उनसे बड़े परिवर्तनों या विकासों की अपेक्षा नहीं कर सकते थे।

उनकी तुलना में अजीम प्रेमजी के विचार और योजनाएँ दोनों काफी नवीन और बृहत् थीं। इसका प्रमुख कारण था वे पुस्तकें, जिन्हें उन्होंने पढ़ा।

जब कभी अजीम प्रेमजी ने विप्रो में नई चीजों को शुरू किया, उन्होंने इस पर पूरी तरह से सोच-विचार किया और तब निर्णय लिया। यद्यपि अपने व्यापार में जोखिम उठाने का साहस भी उनके अंदर मौजूद था।

इसी वजह से प्रेमजी ने पिता का वही व्यापार तो जारी रखा ही, साथ

ही वर्तमान कारोबारों को विकसित करने के तरीकों के बारे में भी सोचना आरंभ किया। उन्होंने कंपनी में केवल एक ही रात में फेरबदल नहीं किया, बल्कि धीरे-धीरे वैज्ञानिक और सृजनात्मक तरीके से विकास किया।

इसका अगला स्तर था—संगुटिका का स्वप्न।

विप्रो ने खाद्य तेल के निर्माण में स्वयं को अच्छी तरह स्थापित कर लिया था। इसलिए इसे आधारभूत रखते हुए अन्य विभिन्न चीजों में प्रयास करने का निश्चय किया। धीरे-धीरे विप्रो ने नए उत्पादों को बाजार में लाना शुरू किया।

विप्रो के उत्तरवर्ती प्रयासों की तुलना में ये छोटे निवेश प्रतीत होते हैं। परंतु अजीम प्रेमजी का विश्वास था कि ऐसे उत्पादों, जिनका आपस में किसी प्रकार का संबंध नहीं है, का निर्माण करके वे विप्रो नेटवर्क की कारोबारी स्थिरता में सुधार ला सकते हैं।

विप्रो इन प्रयासों में से किसी में भी प्रथम स्थान नहीं ले पाया। आज भी कई ऐसी कंपनियाँ हैं, जो अव्वल स्थान पर हैं और खाद्य तेल, साबुन, शिशु उत्पाद, विद्युत् उपस्कर आदि में अधिक अच्छा निष्पादन कर रही हैं।

परंतु प्रेमजी इसके बारे में चिंता नहीं करते। वे नए प्रयासों को निरंतर बरकरार रखने की तकनीक का अनुसरण करते आ रहे हैं, जब तक कि उनसे कोई बड़ी हानि न हो जाए। शायद उनका यह विश्वास है कि विभिन्न चीजों के साथ प्रयोग करने पर कभी ऐसा मौका आ सकता है कि सोने की खान ही हाथ लग जाए!

सन् 1967 से आरंभ करके सन् 1979 में कंप्यूटरों के निर्माण में शामिल होने तक प्रेमजी द्वारा किए गए नए प्रयासों के बीच किसी प्रकार का मेल नहीं था। उनके संगुटिका के सिद्धांतों के स्वप्न के अनुसार इस प्रकार के मेल का होना आवश्यक नहीं था।

परंतु इस प्रकार के कारोबार, जो एक-दूसरे से संबंधित न हों, में शामिल होनेवाले लोगों के लिए बाजार पर बारीकी से नजर रखना जरूरी

है। उनके लिए उद्‌भूत होने वाले अवसरों पर जल्दी-से-जल्दी कब्जा करना लाभदायी होता है।

इसीलिए विप्रो कंप्यूटरों के निर्माण के लिए उत्सुक था। आई.बी.एम. द्वारा छोड़े गए खाली स्थान को किसी-न-किसी कंपनी द्वारा भरना ही था। इसलिए अजीम प्रेमजी ने इस पर आजमाइश करने की सोची।

कंप्यूटर कारोबार में लगी बाकी दोनों शीर्ष कंपनियों से तुलना करने पर विप्रो उनके समान मजबूत नहीं थी। न तो कंपनी के पास टी.सी.एस. की तरह अधिक धन था और न ही अजीम प्रेमजी इन्फोसिस के नारायण मूर्ति और उनके मित्रों की तरह कंप्यूटर के विद्वान् ही थे।

लेकिन उन्हें यह यकीन था कि भविष्य इलेक्ट्रॉनिक्स पर ही निर्भर रहने वाला है और भविष्य में कंप्यूटर ही महत्त्वपूर्ण भूमिका निभाएगा। इसलिए उन्होंने इन कमियों पर ध्यान नहीं दिया। उनका एक ही निष्कर्ष था कि प्रतिभा को या तो विकसित किया जा सकता है या फिर पैसे से खरीदा जा सकता है।

तदनुसार विप्रो ने अपनी आवश्यकता के अनुसार कंप्यूटर प्रौद्योगिकी की खरीद विदेशों से की। अजीम प्रेमजी ने इलेक्ट्रॉनिक्स में रुचि रखनेवाले युवाओं को भरती किया और आधुनिक प्रौद्योगिकी को विकसित करने के लिए एक अनुसंधान प्रयोगशाला की स्थापना की।

प्रारंभ में अजीम प्रेमजी ने विप्रो के इलेक्ट्रॉनिक्स प्रभाग के प्रशासन का भार अपने हाथों में नहीं लिया; बल्कि उन्होंने ऐसे लोगों का चयन किया, जो इस उद्योग के विशेषज्ञ एवं अनुभवी थे और उन्हें महत्त्वपूर्ण जिम्मेदारियाँ सुपुर्द कीं।

इससे कोई भी अंदाजा लगा सकता है कि प्रेमजी ने अपने अन्य प्रयोगों की तरह कंप्यूटर प्रभाग पर भी समुचित ध्यान दिया। उनके मुताबिक यह साबुन, डायपर्स और अन्य उत्पादों के निर्माण से किसी भी प्रकार से अलग नहीं था। फर्क केवल यह था कि इसके लिए अधिक निवेश और

जोखिम की जरूरत थी।

प्रेमजी के पास ऐसे साहस की कमी नहीं थी। वे यह भी जानते थे कि कंप्यूटर एक ऐसी वस्तु नहीं है, जो एक रात में तैयार करके दूसरे दिन सवेरे बेची जा सके। इसलिए वे इसके लिए आवश्यक धन का निवेश तथा अपेक्षित समय लगाने और धैर्य से प्रतीक्षा करने के लिए तैयार थे।

राष्ट्रीय एवं अंतरराष्ट्रीय दृष्टि से यह कहा जा सकता है कि यह सही समय पर लिया गया सही निर्णय था। इसका कारण यह था कि उस समय कंप्यूटर का प्रयोग कर रहे लोगों की संख्या तेजी से बढ़ रही थी।

यदि विगत वर्षों का कोई उदाहरण दिया जाए तो यह ठीक सेलफोन की ही तरह था। जिस प्रकार से सेलफोन के प्रयोक्ताओं में 100 से 1,000 गुना तक वृद्धि हुई, उसी प्रकार उस दौरान कंप्यूटर के प्रयोक्ताओं की संख्या भी बढ़ी। जब आई.बी.एम. ने पर्सनल कंप्यूटर चलाया तो यह माँग और भी बढ़ गई।

विप्रो के कंप्यूटरों का भारत में वही महत्त्व था, जो आई.बी.एम. के पी.सी. का अमेरिका में महत्त्व था। जैसे-जैसे कंप्यूटरों के बाजार का विस्तार हुआ, वैसे-वैसे उनकी बिक्री भी बढ़ती गई।

जल्दी ही विप्रो इस क्षेत्र में लाभान्वित होने लगी। पहली बार विशेषज्ञों की यह राय कि भविष्य में कंप्यूटर के क्षेत्र का ही आधिपत्य रहेगा, सही प्रतीत होने लगी।

खाद्य तेल से कंप्यूटर हार्डवेयर में कूदना कठिन हो सकता है, परंतु हार्डवेयर निर्माण से सॉफ्टवेयर या कॉल सेंटर के उद्योगों में परिवर्तन स्वाभाविक है।

माइक्रोसॉफ्ट कंपनी शुरू में हार्डवेयर एवं सॉफ्टवेयर दोनों के निर्माण पर ध्यान केंद्रित कर रही थी, बाद में उसने केवल सॉफ्टवेयर पर ही ध्यान देने का निश्चय किया। इसी तरह विप्रो ने भी अपना ध्यान सॉफ्टवेयर क्षेत्र पर केंद्रित कर लिया।

स्वाभाविक तौर पर न तो विप्रो और न ही प्रेमजी को इस क्षेत्र का कोई अनुभव था। परंतु इस क्षेत्र में अनेक अग्रणी विद्यमान थे। भारत के पास भी दक्ष मानव संसाधन प्रचुर मात्रा में उपलब्ध था। प्रेमजी की महानतम सफलता का कारण यही था कि उन्होंने इस संसाधन का सही ढंग से उपयोग किया।

उस समय तक की अपनी उपलब्धियों की तुलना में विप्रो के सारे विश्व में सॉफ्टवेयर सेवाओं की शुरुआत करने के बाद की वृद्धि शानदार थी। विशेष तौर पर 'अपतटीय' (ऑफशोरिंग) कारोबारी अवसरों से विप्रो को जबरदस्त फायदा मिला।

सॉफ्टवेयर उद्योग के अनुसार, 'ऑफशोरिंग' एक ऐसी तकनीक है, जो अनेक प्रकार से लाभप्रद है। वह कंपनी, जिसे सॉफ्टवेयर की आवश्यकता है, वह दूसरे देश में स्थित कंपनी को यह जिम्मेदारी सौंपती है। इसे 'सॉफ्टवेयर ऑफशोरिंग' कहा जाता है।

उदाहरण के लिए, किसी अमेरिकी कंपनी के लिए विप्रो के चेन्नई या बंगलौर के कर्मचारियों द्वारा सॉफ्टवेयर तैयार किया जाना। इससे अमेरिकी कंपनी भी काफी पैसा बचा लेती है और विप्रो भी काफी पैसा कमा लेती है।

इसी समय ऑफशोरिंग की लोकप्रियता को बढ़ते देख विप्रो ने अपनी सॉफ्टवेयर सेवाओं को अंतरराष्ट्रीय स्तर पर उपलब्ध कराने का निर्णय लिया।

हालाँकि ऑफशोरिंग से अच्छी आय होती है, परंतु कोई भी बड़ी कंपनी ऐसी-वैसी कंपनी को इतनी आसानी से अपना आवंटन सुपुर्द नहीं करती। वे किसी कंपनी को ऑफशोरिंग संविदाएँ तभी देना चाहेंगे, जब उचित छानबीन के बाद उन्हें यह यकीन हो जाए कि वह कंपनी, जिसे उन्होंने चुना है, जटिल सॉफ्टवेयरों और आधुनिक प्रौद्योगिकी को सक्षम तरीके से संचालित कर पाएगी।

इन्हीं कारणों से अमेरिका एवं अन्य देशों में व्यापारिक अवसरों की खोज करते समय प्रेमजी ने बुनियादी अवसंरचनाओं, योग्यताओं और विप्रो में मानकों के मूल्यों को सुधारने का निर्णय लिया। इस संदेश के ऊपर जोर दिया गया कि कार्यक्रमों को अंतरराष्ट्रीय मानकों के अनुसार निष्पादित करने से ही ऑफशोरिंग के अवसर विप्रो के दरवाजे पर दस्तक दे सकते हैं।

एक ओर विप्रो के प्रतिनिधि अमेरिका में ग्राहकों की खोज कर रहे थे, वहीं दूसरी ओर भारत में विप्रो अजीम प्रेमजी के मार्ग-निर्देशन के अंतर्गत स्वयं को विश्व बाजार के लिए तैयार कर रही थी। इस अवधि के दौरान विवेक पाल का नेतृत्व विप्रो के लिए काफी कारगर साबित हुआ।

सॉफ्टवेयर ऑफशोरिंग उद्योग में विप्रो की शानदार वृद्धि से इसे बी.पी.ओ. (आउटसोर्सिंग कारोबारी प्रक्रिया) में शामिल होने में मदद मिली। यद्यपि इसे संगुटिका के बारे में प्रेमजी के स्वप्न के एक और सोपान के तौर पर देखा जाना चाहिए।

जब विप्रो ने कंप्यूटर उद्योग में पदार्पण किया तो प्रेमजी के पास ज्यादा पैसा नहीं था। इसलिए भले ही वे अनेक उद्योगों में सम्मिलित क्यों न रहे हों, उन्हें काफी सजग रहने की जरूरत थी। इसका कारण यह था कि किसी एक कारोबार के असफल हो जाने पर पूरे-के-पूरे कारोबारी साम्राज्य के डूबने का जोखिम बना हुआ था।

इसीलिए कंप्यूटर निर्माण के क्षेत्र में मिली प्रारंभिक सफलता और अनुभव को विप्रो के इतिहास में एक 'मोड़ बिंदु' कहा जाना चाहिए। वास्तव में अन्य हार्डवेयर कंपनियों की तुलना में विप्रो को इस उद्योग में ज्यादा कठिनाई का सामना नहीं करना पड़ा। सच पूछो तो उसे किसी प्रकार की कठिनाई हुई ही नहीं। विप्रो ने परीक्षण के आधार पर कंप्यूटरों का निर्माण आरंभ किया और जब यह स्पष्ट हो गया कि लाभ के अच्छे अवसर हैं तो कंप्यूटर का पूरी तरह से निर्माण आरंभ कर दिया।

यदि अंतरराष्ट्रीय स्तर पर कंप्यूटरों की क्रांति ऐसे समय में नहीं हुई होती, जब विप्रो ने अपने कंप्यूटर जारी किए या इसे 2 या 3 वर्षों के लिए इलेक्ट्रॉनिक प्रभाग में हानि हो गई होती तो पूरी स्थिति उलट-पुलट हो गई होती।

कंप्यूटर उद्योग में जोरदार ढंग से सम्मिलित होने के बाद प्रेमजी ने नए प्रयोग जारी रखे। इसके सबूत हैं—वित्त कंपनी 'विप्रो फाइनेंस' और इंटरनेट कंपनी 'विप्रो आई.एस.पी.'।

'विप्रो फाइनेंस' सन् 1992 में आरंभ हुई और अगले दस वर्षों में इसे जबरदस्त हानि उठानी पड़ी। इसके साथ-साथ कंपनी ने 'विप्रो नेटवर्क' के प्रमुख उद्देश्यों को भी पूरा नहीं किया। लेकिन प्रेमजी इस झटके को सह गए।

उन्होंने इस बड़ी क्षति की जिम्मेदारी अपने ऊपर ली और 'विप्रो फ़ाइनेंस' को बंद कर दिया; क्योंकि वे यह नहीं चाहते थे कि 'विप्रो फाइनेंस' के निवेशक हानि उठाएँ और स्वयं को ठगा-सा महसूस करें। बाद में इंटरनेट कंपनी 'विप्रो आई.एस.पी.' को भी बंद कर दिया गया।

हालाँकि कंप्यूटर उद्योग की प्रारंभिक सफलता ने कंप्यूटर प्रभाग को बंद होने से बचा लिया। बाद में अजीम प्रेमजी ने इस पर विशेष ध्यान दिया और इसे एक अलग कंपनी के तौर पर विकसित किया।

इस उद्योग में भी विप्रो तीसरे स्थान पर ही रहा। हालाँकि बीच-बीच में उसने दूसरा स्थान जरूर प्राप्त किया, परंतु वह कभी भी पहले स्थान पर नहीं पहुँच पाया।

परंतु अजीम प्रेमजी का संगुटिका की अवस्थिति प्राप्त करने का स्वप्न बहुत पहले ही सफलतापूर्वक हासिल हो चुका था। विप्रो की सभी कारोबारी संस्थाएँ पृथक्-पृथक् रूप से लाभदायी ढंग से काम कर रही हैं। प्रेमजी का विश्वास है कि यह समग्र सफलता विप्रो के लिए उसका एक महत्त्वपूर्ण योगदान है।

विप्रो और इसके महत्त्वपूर्ण प्रतियोगी टी.सी.एस. एवं इन्फोसिस भारत

में सूचना प्रौद्योगिकी के क्षेत्र में अपनी विशेषज्ञता एवं अनुभव के साथ अच्छा काम कर रहे हैं। इन तीनों कंपनियों के बीच हो रही लाभप्रद प्रतियोगिता के कारण ही अंतरराष्ट्रीय स्तर पर भारतीय सूचना उद्योग की नींव पड़ी।

इस त्रि-पक्षीय प्रतियोगिता को एक उदाहरण द्वारा समझा जा सकता है। इसकी तुलना अभिनेता जैमिनी गणेशन, एम.जी.आर. तथा शिवाजी गणेशन की सफलता से करके की जा सकती है।

विप्रो ने जैमिनी गणेशन की तरह कभी प्रथम स्थान भले ही न पाया हो, परंतु भारतीय सूचना प्रौद्योगिकी का इतिहास विप्रो और अजीम प्रेमजी द्वारा दिए योगदानों की अनदेखी कभी नहीं कर सकता। यह ठीक उसी तरह से है जिस तरह से तमिल सिनेमा कभी भी जैमिनी गणेशन के योगदानों की अनदेखी नहीं कर सकता।

मालिक दो प्रकार के होते हैं—पहले वे, जिनमें किसी प्रकार का घमंड नहीं होता और जो कभी अपने कर्मचारियों के साथ काम करने में हिचकिचाते नहीं हैं। इसके लिए थोड़ा-बहुत प्रौद्योगिकी ज्ञान और काम करने की पर्याप्त ऊर्जा का होना जरूरी है। दूसरे वे, जो केवल पैसा निवेश करते हैं और दूसरों से अपने लाभ के लिए काम करवाते हैं। इसके लिए काफी ज्यादा चुस्ती का होना जरूरी है। प्रेमजी में इन दोनों का मिश्रण समान अनुपात में है।

अजीम प्रेमजी भले ही महान् प्रौद्योगिकी विशेषज्ञ न हों, परंतु उन्होंने एक-एक ईंट लगाकर भारत की सबसे बड़ी प्रौद्योगिकी कंपनी की स्थापना की। अजीम प्रेमजी की कहानी इस बात का प्रमाण है कि प्रतिभाशाली व्यक्तियों को नियुक्त करके और उन्हें उत्तरदायित्व सौंपकर कोई भी व्यक्ति एक दूरदर्शी प्रशासन एवं सक्षम मार्ग-निर्देशन के साथ एक विस्तृत प्रौद्योगिक साम्राज्य की स्थापना कर सकता है।

□

साधारण व्यक्ति की असाधारण कहानी

अजीम प्रेमजी प्रतिदिन 4:30 बजे सवेरे उठते हैं। विप्रो के कार्यकलाप सुबह होने से पहले से ही उनका इंतजार करने लगते हैं।

उनके दोस्त एवं साथी कहते हैं कि विप्रो ही उनका भोजन, श्वास और जीवन है। जब वे जगे रहते हैं तो विप्रो के प्रतिनिधि के रूप में कार्य करते हैं और दूसरों को इसकी प्रतिष्ठा व उत्कृष्टता के बारे में बताते हैं।

प्रेमजी ऐसे नियमों से नफरत करते हैं, जो किसी व्यक्ति के लिए प्रति सप्ताह 40 कार्यकारी घंटे निर्धारित करते हैं। यह उन्हें किसी प्रकार से उपयुक्त नहीं लगता है।

वे प्रतिदिन 14 घंटे काम करते हैं। वे विप्रो के लिए सप्ताह में 90 घंटों से अधिक समय के लिए काम करते हैं। सवेरे 4:30 बजे से 7 बजे तक वे घर से ही काम करते हैं, उसके बाद दफ्तर पहुँचते हैं।

बंगलौर में यातायात इतना अधिक व्यस्त है कि कामकाजी लोग अपनी जिंदगी का चौथाई समय दफ्तर आने-जाने में ही बिता देते हैं। प्रतिदिन के यातायात में समय की अनावश्यक बरबादी से बचने के लिए अजीम प्रेमजी अपने दफ्तर के नजदीक ही रहते हैं।

अजीम प्रेमजी की पत्नी जस्मिन मुंबई की हैं। भवनों के इंटीरियर में उनकी रुचि है। इस दंपती के दो बेटे हैं—रिशाद एवं तारीख।

प्रेमजी की लंबे समय से चल रही शिकायतों में से एक शिकायत यह

है कि वे परिवार के साथ अधिक समय नहीं बिता पाते। उनका परिवार उनकी इस मजबूरी को समझता है और उनकी मदद करता आ रहा है।

ज्यादातर अजीम प्रेमजी का नाश्ता या तो ग्राहकों के साथ या उनके पदेन अधिकारियों के साथ ही लगा दिया जाता है। यह एक किस्म का कार्यकारी नाश्ता होता है, जहाँ खाने के साथ-साथ व्यापार की बातें भी की जाती हैं।

विप्रो में प्रेमजी का कार्यालय-कक्ष काफी साधारण है। इसमें सुंदर चित्रकारी और मूर्तिकला के साथ साधारण सजावट की गई है। प्रेमजी ने अपने कक्ष का स्थिति-निर्धारण इस प्रकार किया है, ताकि विप्रो के सुंदर एवं शानदार परिसर का संपूर्ण दृश्य उन्हें दिखाई दे।

प्रेमजी, जो इस बात पर जोर देते हैं कि प्रत्येक व्यक्ति को अपनी तंदुरुस्ती का उचित ध्यान रखना चाहिए, सीढ़ी चढ़ने के लिए लिफ्ट का प्रयोग करना पसंद नहीं करते हैं। हालाँकि उनका कार्यालय दसवीं मंजिल पर है, फिर भी वे तेजी से सीढ़ियाँ चढ़ और उतर सकते हैं।

अजीम प्रेमजी एक इंजीनियर स्नातक हैं, परंतु उनका दैनिक कार्य केवल प्रबंधन और प्रशासन तक ही सीमित है। उनकी कार्य करने की स्फूर्ति उस अदम्य कारोबारी की तरह है, जिसने अभी-अभी अपना नया व्यापार शुरू किया हो और विगत वर्षों में प्राप्त सीमित अनुभव और ज्ञान के साथ वे इसे बड़ी चतुराई से सँभालते हैं।

प्रतिदिन अनेक लोग अपनी समस्याओं को लेकर प्रेमजी से मिलने आते हैं और उनसे इनका निराकरण पूछते हैं। परंतु प्रेमजी यह अच्छी तरह से जानते हैं कि वे उनकी सभी समस्याओं का समाधान नहीं कर सकते। इसलिए वे उनकी समस्याओं का निराकरण दूसरे ढंग से करते हैं।

वे समाधान जाननेवाले व्यक्ति से समस्या के निराकरण के बारे में विस्तार से स्पष्टीकरण करने के लिए कहते हैं। वे धैर्य से सुनते रहते हैं और बीच-बीच में प्रश्न पूछकर अपनी सभी शंकाओं को दूर करते रहते हैं। कई बार

समस्या के बीच में से ही उसका समाधान मिल जाता है। जब विस्तार से धैर्य के साथ इस पर चर्चा की जाती है तो हल अपने आप ही निकल आता है। प्रेमजी का विश्वास है कि समस्या का सामना करनेवाला व्यक्ति ही सबसे अच्छी तरह से उसका हल ढूँढ़ सकता है।

जो लोग प्रेमजी से आविष्कारी विचारों के बारे में चर्चा करना चाहते हैं, उन्हें जिरह करने के लिए भी तैयार रहना होता है।

कोई भी प्रेमजी से किसी चीज के बारे में सरसरी तौर से पूछताछ नहीं कर सकता, क्योंकि वे प्रत्येक चीज और प्रत्येक मामले की गहराई तक जाते हैं और तभी अपना अंतिम निर्णय देते हैं। परंतु प्रेमजी की अपने परामर्श को दूसरों पर थोपने की स्वेच्छाचारी मनोवृत्ति नहीं है।

यदि बैठक में अजीम प्रेमजी के विचारों पर किसी प्रकार की आपत्ति की जाती है तो वे कभी भी अपना धैर्य नहीं खोते। कभी-कभी यदि उन्हें किसी प्रकार से क्रोध आ भी गया तो वे उसे कभी भी बाहर नहीं आने देते और न ही कभी जोर से बोलते हैं।

इसके बजाय वे अपने विचारों पर धीरज के साथ प्रभावी जोर देते हैं। यदि किसी वजह से उनके विचारों का प्रसंग गलत भी हो जाए तो वे किसी प्रकार से राय परिवर्तन करने में हिचकिचाते नहीं हैं।

प्रेमजी प्रायः कहा करते हैं, ''विप्रो में प्रत्येक व्यक्ति बराबर है।'' वे इस बात का विशेष ध्यान रखते हैं कि उन्हें कार्यालय में विशेष महत्त्व नहीं दिया जाए।

एक बार विप्रो के कर्मचारी ने अपने वाहन को उस स्थान पर पार्क कर दिया, जहाँ अजीम प्रेमजी हमेशा अपनी कार पार्क किया करते हैं। विप्रो के अधिकारियों को जब इस बात का पता चला तो उन्होंने एक कड़ा परिपत्र जारी कर दिया कि भविष्य में कोई भी व्यक्ति उस विशेष जगह पर अपनी गाड़ी पार्क नहीं करेगा।

अजीम प्रेमजी ने जब उस परिपत्र को पढ़ा तो उन्होंने तुरंत उसका जवाब

भेज दिया। जवाब में लिखा था—"कोई भी व्यक्ति खाली जगह पर अपने वाहनों को खड़ा कर सकता है। यदि मुझे वही जगह चाहिए तो मुझे कार्यालय में दूसरों से पहले आना होगा।"

न केवल कार्यालय में ही बल्कि स्टेशन से बाहर जाते समय भी प्रेमजी अपने लिए किसी प्रकार की विशेष व्यवस्था नहीं करते हैं।

उदाहरण के लिए, देश के भीतर हवाई जहाज से यात्रा करते समय भी प्रेमजी बिजनेस क्लास में सफर नहीं करते। वे हमेशा सामान्य श्रेणी में ही यात्रा करना पसंद करते हैं। इसी प्रकार एयरपोर्ट से अपने कार्यालय या घर जाते समय यदि उन्हें टैक्सी नहीं मिलती है तो वे ऑटो रिक्शा लेने में हिचकिचाते नहीं हैं।

यात्रा करते समय प्रेमजी के सूटकेस में हमेशा एक पैकेट कपड़े धोने का पाउडर और एक इस्तरी पड़ी रहती है। यात्रा में होटल में उपलब्ध लॉण्ड्री सुविधा का प्रयोग करने के बजाय वे स्वयं अपने कपड़े धोना और उन पर इस्तरी करना पसंद करते हैं। यह प्रेमजी की एक अनुपम शैली है।

प्रेमजी की इस मितव्ययी मनोवृत्ति के बारे में अनेक अफवाहें, खबरें और दिल्लगियाँ चल पड़ी हैं। कुछेक लोग, जो इस प्रकार की अत्यधिक मितव्ययी क्रियाओं से चिढ़ जाते थे, विप्रो को छोड़ भी चुके हैं।

परंतु प्रेमजी का यह दृढ़ विश्वास है कि किसी भी संगठन को आगे चलकर अपने अनावश्यक खर्चों पर कमी करनी ही पड़ेगी। उनके मुताबिक, कंजूस हुए बिना अनावश्यक तड़क-भड़क को दूर रखना मुश्किल होता है।

अपने व्यक्तिगत जीवन में भी प्रेमजी मितव्ययी विकल्पों को ही अपनाते हैं। यद्यपि वे दुनिया के सबसे धनी व्यक्तियों में से एक हैं, परंतु उनकी गतिविधियों से नहीं लगता कि वे रईस हैं।

इसका एक प्रत्यक्ष उदाहरण है। प्रेमजी ने सन् 1996 में एक सामान्य फोर्ड इस्कॉर्ट कार खरीदी थी। इसके बाद बाजार में अनेक विलासप्रिय कारें चल पड़ी हैं, परंतु प्रेमजी ने यह कहते हुए कि अपनी कार बदलने का कोई

कारण दिखाई नहीं देता, नई कार खरीदने से इनकार कर दिया।

उन्होंने 7 वर्ष बाद सन् 2003 में अपनी नई कार खरीदी। फिर भी उन्होंने अपनी पुरानी कार को बेचा नहीं। इसका कारण पूछने पर वे कहते हैं, ''यह कार मेरे लिए भाग्यशाली साबित हुई, और फिर इस कार से मुझे किसी प्रकार की समस्या भी नहीं है।''

न केवल कार के मामले में बल्कि अन्य किसी प्रकार की विलासिता के लिए भी प्रेमजी के जीवन में कोई स्थान नहीं है।

उनके बेटे का सन् 2005 में आयोजित विवाह एक सीधे-सादे ढंग से आयोजित हुआ।

प्रेमजी जिस तरह से पैसों के मामले में मितव्ययी हैं, उसी प्रकार से बोलने में भी मितव्ययी हैं। सामान्य तौर पर वे अधिक नहीं बोलते। जो कोई भी व्यक्ति उनके साथ बातचीत करता है, वे धैर्यपूर्वक और उत्सुकता से उसे सुनते हैं। उनकी आदत है कि वे कभी भी आवश्यकता से अधिक नहीं बोलते।

हालाँकि वे गिने-चुने शब्दों का ही प्रयोग करते हैं, परंतु वे बहुत प्रभावशाली होते हैं और उनमें प्रमुख विषय का सार निहित रहता है। उनके साथ कार्य करनेवाले लोग इस विशेषता के लिए उनकी सराहना करते हैं।

वे किसी अत्यंत महत्त्वपूर्ण बैठक के दौरान एक किनारे पर चुपचाप बैठे रहते हैं। परंतु अंत में जब वे बोलना शुरू करते हैं, सभी पूर्व वक्ताओं के व्याख्यानों को पूर्ण रूप से सम्मिश्रित करते हुए और उनमें अपनी टिप्पणियों को जोड़ते हुए निर्णायक संस्पर्श देते हैं।

इस प्रकार की बैठकों के लिए प्रेमजी काफी तैयारियाँ करते हैं। उनका यह नियम है कि यदि किसी बैठक को एक घंटा चलना है तो उन्हें इसके भाषण के लिए एक घंटे की तैयारी भी करनी चाहिए।

इसी तरह से प्रेमजी प्रत्येक चीज को संख्याओं में व्यक्त करने पर जोर देते हैं। उदाहरण के लिए, 'मेरी टीम में प्रत्येक व्यक्ति अपने वेतन से असंतुष्ट

है' के स्थान पर वे यह स्पष्ट रूप से यह कहना चाहते हैं कि 'वे अपने वेतन में 12 प्रतिशत की वृद्धि की माँग कर रहे हैं। बाजार की स्थिति से तुलना करने पर यह उचित माँग है।'

यही कारण है कि प्रेमजी अल्पावधिक योजनाओं पर अत्यधिक विश्वास करते हैं। वे तात्कालिक भविष्य के लिए योजनाएँ बनाना पसंद करते हैं और अगले एक माह, तीन माह, छह माह, एक वर्ष और तीन वर्ष की योजनाएँ बनाकर धीरे-धीरे उनमें प्रगति लाना और उन्हें पूरा करना पसंद करते हैं।

वर्ष के अंत में अर्थात् दिसंबर और जनवरी के महीने में प्रेमजी केडर में निकटतम कर्मचारियों के साथ बैठते हैं और उनके लिए आगामी तीन वर्षों की कार्य-योजना तैयार करते हैं।

अर्थात् सन् 2012 के अंत में अगले तीन वर्ष 2013 से 2015 की योजनाएँ तैयार की जाती हैं। बाद में पूर्ववर्ती सन् 2012 के आधार पर 2013 से 2015 तक की तीन वर्ष की योजनाएँ वर्ष 2012 के अंत में तैयार की जाएँगी।

इस प्रकार, प्रत्येक व्यक्ति के लिए तीन वर्षीय योजनाएँ तैयार करने के बाद प्रेमजी उन कारोबारी प्रभागों पर ध्यान देना आरंभ करते हैं, जो उनके सीधे प्रबंधन के अंतर्गत आते हैं।

उदाहरण के लिए, प्रत्येक प्रभाग जैसे बी.पी.ओ./कॉल सेंटर प्रभाग, अनुसंधान प्रभाग आदि पर व्यक्तिगत रूप से ध्यान दिया जाता है और उनके लिए भावी योजनाएँ तैयार की जाती हैं। इस प्रक्रिया के दौरान, जिसे प्रतिवर्ष जनवरी, फरवरी और मार्च में अपनाया जाता है, कुछेक महत्त्वपूर्ण प्रश्नों के उत्तर निकलने चाहिए—

- प्रत्येक प्रभाग के लक्ष्य क्या हैं?
- स्थापित लक्ष्यों को प्राप्त करने के लिए किन विधियों का अनुसरण किया जाएगा?
- विधियों को निष्पादित करने की जिम्मेदारियाँ क्या हैं?

अप्रैल और मई के महीनों में प्रेमजी प्रतिभाशाली लोगों एवं विभाग प्रमुखों की तलाश पर ध्यान देते हैं। इस उद्देश्य के लिए विप्रो में एक निरंतर प्रशिक्षण कार्यक्रम 'नेतृत्व विकास कार्यक्रम' की व्यवस्था की गई है।

प्रेमजी का विचार है कि अच्छी टीम के निर्माण के लिए प्रतिभाशाली प्रमुखों की आवश्यकता पड़ती है। इसीलिए वे उन कर्मचारियों के साथ अधिक समय गुजारते हैं, जिन्हें विप्रो के भावी प्रमुखों के तौर पर देखा जाता है और उन्हें प्रत्येक तरीके से मार्गदर्शन देते रहते हैं।

इसके अलावा वे बाहर से नए निदेशकों और प्रबंधकों का चयन करने में भी योगदान देते हैं। आज विप्रो में अधिकांश महत्त्वपूर्ण प्रमुखों और निदेशकों में वे लोग ज्यादा हैं जिन्हें प्रेमजी द्वारा सीधे नियुक्त किया गया है।

योग्य व्यक्तियों का चयन करने के बाद प्रेमजी, जहाँ तक संभव हो, विप्रो के कार्मिक विभाग में स्वयं को सम्मिलित नहीं करते। केवल तिमाही में एक बार आयोजित की जानेवाली आलोचनात्मक बैठकों में भाग लेने के अलावा वे अधिकांश मामलों में हस्तक्षेप नहीं करते।

चूँकि विप्रो अपने प्रबंधकों और निदेशकों को स्वतंत्र रूप से काम करने के लिए प्रोत्साहन और अनुमति देता है, इसीलिए विप्रो में अनेक लीडर तैयार हो जाते हैं।

इसका एक बढ़िया उदाहरण यह है कि आज विप्रो छोड़ने के बाद सूचना प्रौद्योगिकी कंपनियाँ निर्मित करनेवाले लोगों की संख्या भारत में 100 से अधिक हो चुकी है।

यह सच है कि विप्रो द्वारा तैयार किए गए लीडरों द्वारा अपना स्वयं का काम शुरू करने से विप्रो को काफी हानि जरूर होती है, परंतु न तो विप्रो और न ही प्रेमजी इस कारण की वजह से अपनी कार्यशैली में किसी प्रकार का बदलाव करना चाहते हैं।

अजीम प्रेमजी कहते हैं कि दूसरी कंपनियों की तुलना में यहाँ कार्य करनेवाले लोगों को अल्प समयावधि में ही अधिक-से-अधिक जिम्मेदारियाँ

सँभालने के लिए प्रोत्साहित किया जाता है, जिससे उन्हें काफी अनुभव हो जाता है। उनका यह दृढ़ विश्वास है कि इससे विप्रो के स्वरूप में कई गुना वृद्धि आएगी।

कुछेक लोकप्रिय उदाहरण—माइंड ट्री कंसल्टिंग, अजटेक सॉफ्टवेयर, फैबमार्ट।

प्रेमजी किसी पर दबाव डालकर काम कराना पसंद नहीं करते। उन्हें पूरा भरोसा रहता है कि यदि वे अपने साथियों के साथ विचारों और आवश्यकताओं का स्पष्ट रूप से आदान-प्रदान करेंगे तो उनमें कार्यगत परिपक्वता आएगी। इसलिए वे उनके काम में उन्हें पूर्ण स्वतंत्रता देने में किसी प्रकार की हिचकिचाहट नहीं करते।

चूँकि प्रेमजी अपनी अपेक्षाओं को स्पष्ट और निष्कपट रूप से अपने साथियों को बताते हैं, इसलिए उनके साथी यह सोचते हैं कि उन्हें प्रेमजी को निराश नहीं करना चाहिए और अपने कार्य को सही ढंग से पूरा करना चाहिए।

प्रेमजी की शक्ति इस बात पर निर्भर करती है कि वे सक्षम व्यक्तियों के बीच सही ढंग से जिम्मेदारियाँ बाँटें और उनसे काम लें। इसी वजह से उन्हें वर्ष के उत्तरार्ध में अर्थात् जून से दिसंबर तक काफी फुरसत मिल जाती है। वे इस समय का उपयोग अपने ग्राहकों के साथ मेल-जोल में करते हैं।

प्रेमजी यह भी विश्वास करते हैं कि कंपनी के प्रमुखों और अंतिम ग्राहकों के बीच अनावश्यक स्तर नहीं होने चाहिए। जब स्तरों में अधिक वृद्धि होती है या अंतराल बढ़ जाता है तो इससे ग्राहकों की पसंद और कंपनी की सेवाओं के बारे में उनकी राय की जानकारी के बिना कंपनी के कार्य करने का जोखिम बढ़ता ही जाता है।

प्रेमजी को इस बात का पूर्ण आभास था, इसलिए उन्होंने अधिकांश ग्राहकों से सीधा संपर्क करने और उनसे बातचीत करने की आदत डाली।

इस प्रकार की बैठकों के दौरान प्रेमजी कारोबार के बारे में चर्चा नहीं

करते। वे विप्रो में संबंधित व्यक्तियों को कारोबारी व्यवहारों की जिम्मेदारियाँ सौंप देते हैं और विप्रो की सेवाओं के संबंध में ग्राहकों के विचारों को सुनते हैं।

उदाहरण के लिए, प्रेमजी अपने ग्राहकों से निम्नलिखित महत्त्वपूर्ण सूचनाएँ हासिल करते हैं—

- वे कौन से क्षेत्र हैं, जहाँ हम सही हैं और जहाँ हम सही नहीं हैं ?
- क्या आप आज तक विप्रो की सेवाओं से संतुष्ट हैं ? यदि आप संतुष्ट हैं तो कहाँ तक हैं ? यदि नहीं हैं तो आप क्या परिवर्तन लाना चाहते हैं ?
- वे कौन से तरीके हैं, जिनसे हम स्वयं को सुधार सकते हैं ? वे कौन से क्षेत्र हैं, जहाँ हमें सुधार लाने की जरूरत है ?
- आप किस प्रकार से यह सोचते हैं कि हमारे प्रतियोगी हमसे अच्छा काम कर रहे हैं ?

इस प्रकार प्रेमजी विप्रो की सेवाओं के बारे में ग्राहकों की राय को स्पष्ट तौर से सुनना पसंद करते हैं। इससे अनावश्यक गतिरोधों को और संबंधों के प्रमुख विच्छेदों को दूर करने तथा समस्याओं को तुरंत जानने एवं उन्हें हल करने में मदद मिलती है।

यहाँ पर एक महत्त्वपूर्ण चीज का उल्लेख करना जरूरी है—यदि कोई ग्राहक विप्रो के अलावा किसी अन्य कंपनी का चयन करता है तो प्रेमजी कभी निराश नहीं होते; बल्कि वे उस ग्राहक से अपनी प्रतिष्ठा और प्रशंसा प्राप्त करने के लिए कठिन प्रयास करते जाते हैं।

प्रेमजी के अथक प्रयासों के सबूत के तौर पर एक मजेदार घटना इस प्रकार है—

'सत्यम कंप्यूटर्स' विप्रो का एक कारोबारी प्रतिद्वंद्वी है। इसके अध्यक्ष रामलिंगम राजू अजीम प्रेमजी के बड़े अच्छे मित्र हैं।

एक बार प्रेमजी जब अपने काम के संबंध में हैदराबाद गए तो उन्होंने

रामलिंगम राजू से मिलने की इच्छा जाहिर की। वे 'सत्यम कंप्यूटर्स' के कार्यालय में गए। वहाँ उन्हें एक प्रतीक्षालय में इंतजार करने को कहा गया। उसी कक्ष में एक दूसरे सज्जन भी थे। प्रेमजी ने उन सज्जन को अपना परिचय दिया और उनसे बातें करने लगे।

बातचीत के दौरान प्रेमजी को पता चला कि उन सज्जन ने अपनी सॉफ्टवेयर सेवा की आवश्यकताओं के लिए विप्रो की जगह सत्यम कंप्यूटर्स का चुनाव किया था।

यह सुनकर अजीम प्रेमजी अपने को रोक न पाए। उन्होंने उत्सुकता से पूछा, ''विप्रो के साथ आपकी क्या समस्या थी? आप अपने निर्णय पर फिर से गौर क्यों नहीं करते?''

प्रेमजी हमेशा ही स्वयं को विप्रो का पूर्णकालिक प्रतिनिधि मानते हैं। उस समय वे यह भी भूल गए कि वे अपने प्रतिद्वंद्वी सत्यम कंप्यूटर्स के कार्यालय में बैठे हैं।

प्रेमजी हमेशा यही कहते हैं,''हमें अपने प्रतिद्वंद्वियों का सम्मान करना चाहिए और यहाँ तक कि उन्हें अत्यधिक महत्त्व देना भी गलत नहीं है। एक प्रकार से प्रतिद्वंद्वी के बारे में निरंतर डरते रहना अच्छी बात है।''

परंतु डर के कारण अपनी दौड़ को छोड़ना नहीं चाहिए, बल्कि वे इस बात पर जोर देते हैं कि उस व्यक्ति को और अधिक प्रयास करने चाहिए। अजीम का यह विश्वास है कि केवल निरंतर कठिन प्रयास करने से ही कंपनी को सफलता मिल सकती है और वह अपने समतुल्य एवं शक्तिशाली प्रतिद्वंद्वियों से आगे निकल सकती है।

अजीम प्रेमजी एक महान् वक्ता हैं। वे अपने भाषण को लंबा करके श्रोताओं को थकाते नहीं हैं, बल्कि वे अपने विषय को अलग-अलग प्रसंगों में बाँटकर इसे एक उपयुक्त भाषण का रूप प्रदान करते हैं। वे मानते हैं कि ऐसा करके वे अपनी रायों और विचारों को सही ढंग से व्यक्त कर सकते हैं।

प्रेमजी इस बात का पूरा ध्यान रखते हैं कि विप्रो के प्रत्येक कर्मचारी को कंपनी के नियमों के बेसिक मूल्यों की जानकारी होनी चाहिए। विशेष तौर पर ईमानदारी के रास्ते को अपनाने पर अधिक बल दिया जाता है।

एक बार नए कर्मचारियों के प्रशिक्षण सत्र के दौरान अजीम प्रेमजी ने कहा, "हमें किसी भी कारण से और किन्हीं भी परिस्थितियों में सत्य के मार्ग को नहीं छोड़ना चाहिए।"

सत्र में एक व्यक्ति ने व्यंग्यात्मक रूप से टिप्पणी करते हुए कहा, "क्या वर्तमान परिस्थिति में ऐसा करना संभव है?"

प्रेमजी ने जोर देते हुए कहा, "यह निश्चित तौर पर संभव है। सौ में से अस्सी व्यापार ईमानदारी से किए जाते हैं। हम बचे हुए 20 प्रतिशत के बारे में क्यों चिंता करें? क्या हम केवल उन्हीं 80 प्रतिशत पर अपना ध्यान केंद्रित नहीं कर सकते?"

युवा व्यक्ति ने पूछा, "मान लीजिए, यदि कल 80-20 प्रतिशत का अनुपात पलटकर 20-80 प्रतिशत हो जाता है और सारा संसार भ्रष्टाचार का ही समर्थन करने लग जाता है, तब क्या होगा?"

"तब भी मैं गलत रास्ते पर जाने की बजाय विप्रो को बंद करना पसंद करूँगा।" अजीम ने कहा। वे महात्मा गांधी के भक्त हैं और उनके सिद्धांतों के कट्टर अनुयायी हैं। वे कहा करते हैं, "गांधीजी के सिद्धांत किसी भी समय के लिए उपयुक्त हैं।"

कुछेक अन्य लोकप्रिय लोग, जो प्रेमजी के हमेशा ही चहेते रहे हैं और उनके लिए प्रेरणा के स्रोत रहे हैं, वे हैं—जे.आर.डी. टाटा (टाटा समूह की कंपनियों के पूर्व अध्यक्ष), जैक वैल्च (जनरल इलेक्ट्रिक कंपनी के पूर्व अध्यक्ष), जेफ इमेल्ट (जनरल इलेक्ट्रिक कंपनी के अध्यक्ष), बिल गेट्स (माइक्रोसॉफ्ट कंपनी के संस्थापक) और माइकेल डेल (डेल समूह की कंपनियों के संस्थापक/अध्यक्ष)।

प्रेमजी हमेशा विप्रो की गतिविधियों में व्यस्त रहते हैं। स्वयं के लिए

मुश्किल से फुरसत निकाल पाते हैं। वे अपने पुराने दिनों के शौकों को अपनाना पसंद करते हैं—छोटे-छोटे भ्रमण और पर्यटन। अधिकतर वे अकेले यात्रा पसंद करते हैं।

भले ही प्रेमजी किसी मनोरम पर्यटन स्थल का अकेले दौरा करें, परंतु वे अपने दिमाग से विप्रो के विचारों को दूर नहीं कर पाते। चाहे वे विश्रांतिदायी भ्रमण में कहीं दूर ही क्यों न गए हों, फिर भी वे ई-मेलों और टेलीफोन कॉलों के मार्फत हमेशा विप्रो में संपर्क बनाए रखते हैं।

प्रेमजी जिस एक चीज को नापसंद करते हैं, वह है अनावश्यक रूप से गपशप और समय की बरबादी। यही एक कारण है, जिसकी वजह से वे अधिकांश कॉरपोरेट पार्टियों में भाग नहीं लेते। वे यह मानते हैं कि वहाँ समय बरबाद करने की बजाय वे एक अच्छी पुस्तक पढ़ सकते हैं या प्रकृति का आनंद लेने के लिए छोटे भ्रमण पर जा सकते हैं।

पढ़ने के लिए पुस्तकों का चयन करते समय प्रेमजी की कोई विशिष्ट पसंद नहीं रहती। वे सिर्फ यह देखते हैं कि उस पुस्तक विशेष से उन्हें कोई लाभ होगा या नहीं।

उन्हें ऐसी पुस्तकों को ढूँढ़ने और खरीदने का समय नहीं मिल पाता, जो उनके लिए लाभदायी होंगी। इसलिए वे केवल वे ही पुस्तकें खरीदते हैं, जिनके लिए उनके मित्र जोरदार सिफारिश करते हैं। वे अधिकांश प्रबंधन से संबंधित पुस्तकें पढ़ते हैं।

पढ़ने के अतिरिक्त प्रेमजी एक और चीज पसंद करते हैं, वह है अच्छा संगीत सुनना और सुंदर चित्रों एवं मूर्तियों का संग्रहण। यहाँ भी वे भारी कीमत में प्रसिद्ध कलाकारों की चित्रकारी या मूर्तिकलाओं को खरीदने की बजाय उदीयमान और उभरते कलाकारों को प्रोत्साहित करना पसंद करते हैं।

प्रेमजी अपने युवा दिनों में खेलों में अत्यधिक रुचि रखते थे। अब इसके लिए समय नहीं मिलता है। अब भी कभी-कभी, जब उन्हें समय

मिलता है तो वे गोल्फ खेलते हैं और स्कीइंग करते हैं। पहले वे टेनिस खेलते थे, परंतु अब इसमें उनकी रुचि नहीं है।

भारत में अल्पसंख्यक मुसलिम समुदाय में जन्म लेकर उन्हें देश की धर्मनिरपेक्षता पर अत्यधिक गर्व है। सन् 2005 में 'गार्जियन' में एक साक्षात्कार के दौरान उन्होंने कहा, ''हमारे प्रधानमंत्री सिक्ख हैं, जो एक अल्पसंख्यक समुदाय के हैं। हमारे राष्ट्रपति एक मुसलिम हैं। प्रमुख पार्टी (कांग्रेस) की लीडर एक ईसाई हैं और विपक्ष के नेता हिंदू हैं। किसी भी देश में इस प्रकार का उदाहरण मिलना कठिन होता है।''

अजीम प्रेमजी जोर देकर कहते हैं कि प्रत्येक व्यक्ति को सब धर्मों का आदर करना चाहिए। वे स्वयं हिंदू मंदिरों में जाते हैं। उन्होंने स्पष्ट रूप से यह घोषणा की है कि उनकी कंपनी में किसी को भी धर्म या जाति के आधार पर पद नहीं दिया गया है।

किसी भी आयोजन में सामान्य तौर से पूछा जाने वाला प्रश्न होता है, ''क्या आप राजनीति में जाएँगे?'' जब यह प्रश्न प्रेमजी से पूछा गया तो उन्होंने इसका एक व्यावहारिक उत्तर दिया।

उन्होंने कहा, ''व्यक्तिगत तौर पर जहाँ तक आवश्यकताओं का संबंध है, मैं उन्हें जिस तरह से चाहता हूँ, उसी तरह से प्राप्त करने के लिए सख्त हूँ। परंतु राजनीति में ऐसा नहीं है। इसमें अनेक समझौते करने पड़ते हैं। इसलिए राजनीति मेरे लिए उपयुक्त नहीं है।''

इसी तरह प्रेमजी व्यक्तिगत जीवन से संबंधित किसी प्रश्न का उत्तर देने के पक्ष में नहीं हैं। हालाँकि वे भारत के सबसे धनी व्यक्तियों में से एक हैं, परंतु मीडिया को उनके परिवार के बारे में बहुत कम जानकारी है।

प्रेमजी किसी पारिवारिक सूचना को प्रिंट मीडिया में प्रकट न करने के लिए अडिग रहते हैं, क्योंकि इससे अनावश्यक तौर पर उनके बारे में प्रश्न पूछे जाने लगते हैं।

वे अपने बारे में की जानेवाली लोक-प्रसिद्धि से घृणा करते हैं। वे कहते

हैं, ''प्रत्येक व्यक्ति मुझे उस जानवर की तरह सोचने के लिए मजबूर कर देता है, जिसे किसी चिड़ियाघर के पिंजरे में बंद करके रख दिया जाता है।'' इसलिए वे हमेशा ही मीडिया से दूरी बनाए रखते हैं और प्राय: पत्रिकाओं एवं टेलीविजन चैनलों में साक्षात्कार देना पसंद नहीं करते।

विप्रो के शेयरों का प्रमुख भाग प्रेमजी के पास है। केवल इन्हीं शेयरों के बाजार मूल्यों के आधार पर ही उनकी ग़िनती सबसे धनी व्यक्तियों में की जाती है। परंतु इस प्रकार के आरोपों की वे कोई परवाह नहीं करते।

इसका कारण यह है कि उन्होंने अपने कारोबार में अनेक उतार-चढ़ाव देखे हैं। उनकी राय है कि किसी भी कंपनी को इसके तात्कालिक और लंबी अवधि के लक्ष्यों को उपलब्ध करने के उद्देश्य से काम करना चाहिए, न कि इसके शेयरों की कीमतों को बढ़ाने के उद्देश्य से।

एक बार अजीम प्रेमजी से उनकी कमजोरी के बारे में पूछा गया। उन्होंने कहा, ''मैं सामान्य तौर पर जोखिम नहीं उठाता।'' यदि कोई व्यक्ति बारीकी से विप्रो की वृद्धि की छानबीन करे तो ऐसा प्रतीत होता है कि अजीम प्रेमजी की इसी प्रवृत्ति के कारण विप्रो निरंतर दूसरे या तीसरे स्थान पर रही है।

इसी के साथ-साथ इस उद्योग में नए आविष्कारीय विचारों का स्वागत करने और उन्हें बढ़ावा देने के लिए प्रेमजी के समान दूसरा कोई नहीं है।

प्रेमजी ने विप्रो में एक संगठन 'उत्कर्षता केंद्र' खोला है, जो नवीनतम विचारों के लिए पूर्णकालिक रूप से काम करता है। नई योजनाओं और विचारों को मूर्त रूप देने के लिए सैकड़ों लोग निरंतर इस संगठन में काम करते हैं।

प्रेमजी कहा करते हैं, ''यह जरूरी नहीं है कि आज की सफलता कल भी कायम रहे।'' अपनी उपलब्धियों के बारे में वे हाँकते नहीं हैं। दूसरी ओर, वे संतुष्ट भी नहीं रहते।

विप्रो भारत की उन कुछेक महत्त्वपूर्ण सूचना प्रौद्योगिकी कंपनियों में से एक है, जो अंतरराष्ट्रीय स्तर पर सफल रही हैं। इसलिए दुनिया भर की पत्रिकाएँ अजीम प्रेमजी का साक्षात्कार लेने और विप्रो की सफलता जानने

के लिए उनके पीछे पड़ी रहती हैं।

ऐसे पत्रकार जब उनसे पूछते हैं, "आपने इस उद्योग में काफी सफलता हासिल कर ली है।" तो प्रेमजी तुरंत इसमें सुधार करते हुए कहते हैं, "हमने कुछ हद तक सफलता प्राप्त की है, परंतु अभी भी बहुत कुछ प्राप्त करना बाकी है।"

प्रेमजी कहते हैं, "मैं अपने लिए लक्ष्य निर्धारित करता हूँ और उन्हें प्राप्त करने के लिए कठिन प्रयास करता हूँ। एक बार जब मैं निर्धारित लक्ष्य पर पहुँच जाता हूँ तो मैं अगले स्तर पर एक प्रमुख लक्ष्य निर्धारित कर देता हूँ।"

इस निरंतर दौड़ का अंत क्या होगा? इस प्रकार की प्रतिस्पर्धा से प्रेमजी किस प्रकार का पुरस्कार जीतेंगे?

प्रेमजी इस भावना पर विश्वास करते हैं कि "मैंने कुछ प्राप्त किया है।" यही सबसे बड़ा पुरस्कार है। वे यह भी कहते हैं, "मैं अपने कार्य से प्रेम करता हूँ, यही मेरी प्रकृति है।"

उनकी वर्तमान अभिलाषा विप्रो को सूचना प्रौद्योगिकी के उद्योग में सबसे ऊपर के दस स्थानों में पहुँचाना है। इसे हासिल करने के लिए विप्रो का आज की स्थिति से दुगुना विस्तार होना चाहिए।

विप्रो इस कड़ी चुनौती का सामना करने के लिए तैयार है। प्रेमजी ने स्पष्ट तौर से यह बता दिया है कि विप्रो को किसी भी हालत में सर्वप्रथम 'दस स्थानों' में आना जरूरी है। तब तक उनके पास अन्य कोई योजना नहीं है।

परंतु सर्वप्रथम 'दस स्थानों' में किस प्रकार से पहुँचा जाए?

लक्ष्यों की कोई कमी नहीं है। सर्वप्रथम 5, सर्वप्रथम 3, सर्वप्रथम 1…प्रेमजी के अनुसार जीवन एक अविरल दौड़ है। यहाँ पुरस्कार दौड़ जीतने के बाद नहीं दिया जाता है, बल्कि दौड़ लगाने का अनुभव ही स्वयं में एक महान् पुरस्कार है।

□

दानवीर अजीमजी

कल्पना कीजिए कि कोई अध्यापक किसी कक्षा में पढ़ा रहा है। उसी समय एक विद्यार्थी खड़ा होता है और अध्यापक से पाठ में आई आशंका को समझाने के लिए कहता है।

अध्यापक को क्या करना चाहिए?

यदि यह भारत का एक साधारण स्कूल होगा तो अध्यापक विद्यार्थी को पढ़ाई में व्यवधान डालने के लिए डाँट-डपट लगाएगा। उसके बाद भले ही वह अपने पाठ को समझे या न समझे, उसे कभी भी कक्षा में खड़े होकर अपनी आशंकाएँ पूछने का साहस नहीं होगा।

परंतु यदि यही घटना अमेरिका या अन्य किसी विकसित देश में घटित होती है तो वहाँ अध्यापक उस विद्यार्थी से एकदम अलग ढंग से व्यवहार करेगा।

वहाँ विद्यार्थी को कक्षा में अध्यापक से किसी चीज के बारे में पूछने के लिए डाँटा या दंडित नहीं किया जाएगा।

इसके बजाय अध्यापक उसे संबंधित विषय में पुस्तकें और सूचना प्रदान कराने में मदद करेगा और उसे विषय को पूर्ण रूप से समझाएगा।

उन्हें जब भारत और अमेरिका के बीच अंतर बताने के लिए कहा गया तो प्रेमजी ने तुरंत भारतीय स्कूलों की इस स्थिति की ओर इशारा किया। प्रेमजी कहते हैं, ‘‘हालाँकि दोनों देश संस्कृति, भाषा, जाति और

अन्य अनेक चीजों में भिन्न हैं, परंतु सबसे महत्त्वपूर्ण चीज जो हमें अमेरिका से सीखनी चाहिए, वह है—शिक्षा की विधि।''

विद्यार्थी को अपनी पाठ्यचर्या चुनने की स्वतंत्रता होनी चाहिए और उन्हें अपने आप पढ़ाई की विधि को सुनिश्चित करने के लिए प्रोत्साहित करना चाहिए। प्रेमजी हमारी शिक्षा-प्रणाली को तत्काल सुधारने के लिए यही हल देते हैं।

उनका विश्वास है कि इस प्रकार की शिक्षा विद्यार्थियों को एक ही दिशा में सोचने और आँख पर पट्टी लगे कामचलाऊ घोड़े की तरह बरताव करने के लिए मजबूर करने की बजाय उनकी सृजनात्मकता में सुधार लाएगी।

इस उद्देश्य के लिए विप्रो कंपनी की मदद से 'विप्रो द्वारा स्कूलों में विचारों का अनुप्रयोग' (Wipro applying thougt in schools) नामक एक योजना चलाई गई है। यह संगठन भारत में 500 से अधिक स्कूलों में नए और आविष्कारीय पाठ्यक्रमों के साथ प्रयोग कर रहा है, जिससे विद्यार्थियों की सृजनात्मक सोच का विकास हो।

अपने अनुसंधानों की जानकारी और परिणामों के आधार पर इस संगठन ने भारतीय शिक्षाविदों के लिए कुछ चीजों की सिफारिश करने की योजना बनाई है।

प्रेमजी का विश्वास है कि इन विचारों और अनुसंधानों के आधार पर हमारी आनेवाली पीढ़ियाँ एक मामूली यंत्रवत् मशीन की बजाय महान् सृजनात्मक विचारकों और अपने भविष्य के निर्माताओं के रूप में उभरेंगी।

इसी तरह प्रेमजी के नाम पर एक अन्य न्यास काम कर रहा है, जिसके एकमात्र दानदाता प्रेमजी ही हैं। यह न्यास सन् 2001 में निर्मित हुआ था, जिसे बिना किसी विज्ञापन के एक सीधे-सादे ढंग से स्थापित किया गया था।

इस संस्था को शिक्षा-प्रणाली में कमियों, बेरोजगारी, पर्यावरणीय समस्याओं, वरिष्ठ नागरिकों के कल्याण और ऐसी अनेक सामाजिक

समस्याओं को हल करने के प्रयास के रूप में आरंभ किया गया था। एक अल्प समयावधि के दौरान यह पाया गया कि इन सभी समस्याओं का मुख्य कारण अधिकांश लोगों का अशिक्षित होना है। इसलिए इसने पूर्णरूपेण इस ओर ध्यान देना आरंभ कर दिया।

इस संगठन का मूल मंत्र है—'जो बच्चा सही उम्र में स्कूल नहीं जा पाता, वह बाल श्रमिक होता है।'

भारत में लगभग 6 करोड़ बच्चे प्राथमिक शिक्षा से वंचित रह जाते हैं। उन प्रौढ़ लोगों के बारे में बताने की तो कोई आवश्यकता ही नहीं है, जिनके पास कोई शिक्षा नहीं होती। प्रेमजी को विश्वास है यदि इन लोगों को कम-से-कम प्राथमिक शिक्षा ही दी गई होती तो गरीबी, बेरोजगारी की समस्या, भ्रष्टाचार और अन्य अनेक बुराइयों को किसी सीमा तक कम किया या रोका जा सकता था।

अनेक बच्चों को उनकी बेसिक शिक्षा से प्रमुख तौर पर उनकी पारिवारिक परिस्थितियों या स्कूली सुविधाओं के अभाव के कारण वंचित किया जाता है। इसके अलावा बंधक श्रम एवं बाल श्रम भी इस समस्या को बढ़ाने में एक बड़ी चुनौती खड़ी कर देते हैं।

यद्यपि यह अनुमान नहीं लगाया जा सकता कि कौन कब तक इन समस्याओं को पूरी तरह से दूर करने में सक्षम हो पाएगा, परंतु प्रेमजी की संस्था ने 'सभी के लिए प्राथमिक शिक्षा' योजना को प्रथम प्रयास के तौर पर शुरू किया है।

दिलीप रंजेकर, जो इस योजना के सचिव हैं, कहते हैं, ''हम सरकार के विकल्प के रूप में काम करने नहीं जा रहे हैं। उस प्रकार से काम करना संभव भी नहीं है। स्कूल और अध्यापक सरकार के नियंत्रणाधीन आते हैं। कुछेक चीजें केवल सरकार द्वारा ही पूरी की जा सकती हैं। इसलिए हमारा प्रमुख प्रयास सरकार के प्रयोगों को गति प्रदान करना और उनकी योजनाओं में सहायता पहुँचाना है।''

परंतु सरकार और अजीम प्रेमजी की संस्था के लिए सभी स्कूलों व ग्रामों का दौरा करना और वहाँ चलाई जा रही गतिविधियों का निरीक्षण करना असंभव होगा। इसलिए इस योजना में उन्होंने युवा संगठनों और कल्याणकारी संगठनों, जैसे स्थानीय संगठनों को साथ में लिया है।

यह योजना मोटे तौर पर ग्रामीण एवं शहरी मलिन बस्तियों पर ध्यान केंद्रित करती है। प्रत्येक राज्य को अनेक क्षेत्रों में विभाजित किया गया है और प्रत्येक क्षेत्र के लिए एक सक्षम दल को प्रभारी के तौर पर नियुक्त किया गया है।

अजीम प्रेमजी की इस संस्था में कार्य की प्रकृति को तीन चरणों में विभक्त किया गया है—

1. प्रथम चरण में बच्चों के माता-पिता से मिलना और उन्हें शिक्षा के महत्त्व के बारे में बताना शामिल है, ताकि यह संभावना पैदा हो सके कि वे अपने बच्चों को स्कूलों में भेजना आरंभ करें।
2. एक बार जब बच्चे स्कूल आना शुरू कर देते हैं तो दूसरा चरण आरंभ हो जाता है, अर्थात् यह अनुवीक्षण करना कि कक्षाएँ नियमित ढंग से चल रही हैं और बच्चे सही ढंग से अध्ययन कर रहे हैं।
3. प्रत्येक स्कूल में कम समाधान प्रदर्शन करनेवाले विद्यार्थियों की पहचान की जाती है और उनके लिए स्कूल समय से एक घंटे पहले या एक घंटे बाद तक विशेष कक्षाएँ चलाई जाती हैं।

अंत में, प्रेमजी की संस्था में तीसरे चरण के कार्य में ऐसी योजनाएँ तैयार की जती हैं, जिनसे शिक्षा की वर्तमान प्रणाली का विस्तार हो सके और ऐसी उपयुक्त शिक्षा-प्रणाली का चयन हो सके, जो भारतीय समाज के लिए उपयुक्त हो।

यहाँ विप्रो के 'स्कूलों में विचारों का अनुप्रयोग' योजना और अजीम प्रेमजी की संस्था एक-दूसरे से संपर्क करते हैं और मिलकर काम करते हैं। वे इस विषय पर निरंतर अनुसंधान कर रहे हैं कि क्या विद्यार्थियों को

उनके शैक्षणिक अंकों के आधार पर परखने की वर्तमान प्रणाली में कोई परिवर्तन किए जाने की आवश्यकता है ?

अजीम प्रेमजी की इस तीन चरणीय योजना द्वारा 500 स्कूलों के 18 लाख विद्यार्थियों को लाभ पहुँचा है।

इसके अलावा प्रौढ़ शिक्षा और विद्यार्थियों को पाठ पढ़ाने के लिए कंप्यूटरों को साधन के रूप में अपनाया जाता है। अजीम प्रेमजी इसमें लगनेवाले व्यय को अपने वैयक्तिक धन से पूरा करते हैं। इसके लिए एवं अन्य प्रौद्योगिकी सेवाओं के लिए अपेक्षित कंप्यूटरों का प्रबंध विप्रो द्वारा कर दिया जाता है।

जबकि ज्यादातर शैक्षणिक न्यास यह समझते हैं कि एक बार दान देने के बाद उनकी जिम्मेदारी समाप्त हो जाती है, परंतु अजीम प्रेमजी की संस्था स्वयं को अनेक गतिविधियों में शामिल करती है। ऑनलाइन शिक्षा, अध्यापन के लिए उपकरण डिजाइन करना और बच्चों के लिए पाठ एवं पुस्तक तैयार करना उन्हीं में से कुछ हैं।

यह बहुत जरूरी है कि इस प्रकार की शैक्षणिक सेवाएँ अधिकांश लोगों एवं गाँवों तक पहुँचे। इसलिए इस लक्ष्य को प्राप्त करने के लिए प्रेमजी का न्यास अनेक स्थानीय संगठनों, सरकारी एवं अन्य गैर-सरकारी संगठनों के साथ आगे-पीछे कार्य कर रहा है।

'विप्रो केयर्स' एक अन्य संगठन है, जो सामाजिक सेवा की गतिविधियों में सम्मिलित है। यह भी विप्रो का ही एक भाग है। यह संगठन शैक्षणिक गतिविधियों पर ध्यान देता है और उन लोगों को राहत देने में लगा रहता है, जो प्राकृतिक आपदाओं, जैसे—बाढ़, भूकंप आदि से प्रभावित होते हैं।

सन् 2004 में जब भारत एवं अन्य देश सुनामी से प्रभावित हुए थे तो 'विप्रो केयर्स' न्यास ने नागापट्टिनम जिले में एक गाँव 'पुष्पावनम्' को अंगीकृत कर लिया था। विप्रो के स्वयंसेवकों ने सीधे ही राहत कार्यों में भाग लिया था।

इसी प्रकार, 'विप्रो केयर्स' स्वयं को बड़ी उत्सुकता से अन्य अनेक गतिविधियों में शामिल रखता है, जैसे—पढ़ाई में कमजोर बच्चों को विशेष कोचिंग देना, युवाओं का आत्मविश्वास विकसित करना और उनके अंग्रेजी के ज्ञान को बढ़ाना आदि।

अजीम प्रेमजी का स्वप्न है—'सभी के लिए गुणवत्तापूर्ण शिक्षा और बिना भेदभाव का समाज।' उनका पूर्ण विश्वास है कि उनके न्यासों द्वारा चलाई गई शैक्षणिक गतिविधियों के माध्यम से प्राथमिक शिक्षा में काफी सुधार लाया जा सकता है।

वे कहते हैं, ''यह मेरे द्वारा समाज के लिए छोड़ी गई सबसे बड़ी परिसंपत्ति होगी।''

□

विप्रो की कार्यप्रणाली

भारत में अधिकांश लोग विप्रो का संबंध कंप्यूटर से संबंधित गतिविधियों से करते हैं। परंतु सच यह है कि सूचना प्रौद्योगिकी के अलावा विप्रो अन्य अनेक क्षेत्रों में भी सफलता से काम कर रहा है।

खाद्य तेल, साबुन (संतूर, चंद्रिका, शिकाकाई), बल्ब एवं अन्य विद्युत् उपकरण, शिशु उत्पाद (बेबी शॉफ्ट) और चिकित्सा उपस्कर आदि का विप्रो के उत्पादों के लिए सही उदाहरणों के तौर पर उल्लेख किया जा सकता है।

हालाँकि विप्रो ऐसे अनेक उत्पादों पर ध्यान देता है, परंतु इसकी वार्षिक आय एवं लाभ का 85 प्रतिशत केवल इसके सूचना प्रौद्योगिकी प्रभाग से आता है। खास तौर पर सॉफ्टवेयर सेवाएँ विप्रो की रीढ़ की हड्डी की तरह काम करती हैं।

प्रेमजी के मित्र और उद्यमी साथी स्थिति की ओर संकेत करते हुए उनसे पूछते हैं कि वे अब भी क्यों खाद्य तेल, साबुनों और इस प्रकार की चीजों के निर्माण में लगे हुए हैं? ऐसे उत्पादों में समय बरबाद करने की बजाय वे यह सुझाव देते हैं कि उन्हें सॉफ्टवेयर सेवा प्रभाग में अधिक ध्यान देना चाहिए, जोकि अधिक लाभ देगा।

इसके अलावा कंपनी की कंप्यूटर और आधुनिक प्रौद्योगिकी में उच्च प्रतिष्ठा है। इसलिए विशेषज्ञों की राय है कि यदि विप्रो की सॉफ्टवेयर

अभिमुख सेवाओं को अलग कर दिया जाए और एक अलग कंपनी में निवेश गठित कर दिया जाए तो लोग काफी संख्या में कंपनी में निवेश करने के लिए आएँगे।

परंतु अजीम प्रेमजी यह नहीं मानते। वे किसी इकाई की सिर्फ इसलिए उपेक्षा नहीं करना चाहते कि वह दूसरी की अपेक्षा कम लाभ कमा रही है। यह निर्णय लेने के लिए उनके पास चार महत्त्वपूर्ण कारण हैं—

1. पहला, वे इकाइयाँ, जो सही ढंग से स्थापित हो चुकी हैं, उनमें प्रेमजी का कम समय लगता है। परंतु ये इकाइयाँ लगातार 25 प्रतिशत वार्षिक की दर से विकास कर रही हैं। अतः इन इकाइयों को बंद करने का कोई ठोस कारण नहीं बनता।
2. केवल ऐसे उत्पाद ही, जिनमें कंप्यूटर शामिल नहीं हैं, अधिकांश लोगों तक पहुँचते हैं। इससे विप्रो के 'लोगो' और ब्रांड नाम को लोगों के दिमाग में बैठाने में मदद मिलती है। इस विचार से यह विप्रो कंपनी के लिए मुफ्त विज्ञापन बन जाता है।
3. इन इकाइयों से बहुत कुशल प्रबंधक, निदेशक और विक्रय प्रतिनिधि उभरकर आते हैं, जो विप्रो के लिए अतिरिक्त लाभ का काम करते हैं।
4. अंतिम कारण सबसे महत्त्वपूर्ण है। आज मीडिया भले ही विप्रो को एक प्रौद्योगिकी कंपनी के तौर पर प्रदर्शित करता है, परंतु प्रेमजी इस तथ्य को नहीं भूलते कि विप्रो शुरू में एक तेल उत्पादन कंपनी के तौर पर आरंभ की गई थी। उसी को याद रखते हुए वे इन्हें जारी रखना चाहते हैं, जो किसी भी प्रकार से उनके लिए हानिकारक नहीं है।

प्रेमजी विभिन्न प्रभागों के बीच अंतर करने और उन्हें सर्वोत्तम या सबसे घटिया दर्जा देना पसंद नहीं करते। उनके मुताबिक, कोई भी व्यापार, जिसे ईमानदारी से किया जाता है, वह प्रशंसनीय है।

प्रेमजी, जो स्वयं को विप्रो का प्रतिनिधि मानते हैं, केवल प्रौद्योगिकी प्रभाग की चिंता में नहीं लगे रहते। अनेक ग्राहकों की बैठकों में, प्रमुख मुद्दों पर चर्चा हो जाने के बाद, वे उनसे अवश्य ही पूछते हैं, "आप अपने कारखाने में कैसे बल्बों का प्रयोग करते हैं?"

यदि वे ग्राहक विप्रो के उत्पादों का प्रयोग करते हैं तो प्रेमजी खुश होते हैं। यदि नहीं तो वे एक सॉफ्टवेयर कारोबार से बिजली के बल्ब के कारोबार की तरफ मुड़ जाते हैं।

विप्रो वे महत्त्वपूर्ण सेवाएँ प्रदान कर रही है, जिनकी एक अंतरराष्ट्रीय ग्राहक सूचना प्रौद्योगिकी के उद्योग में अपेक्षा करता है। अन्य दो बड़े उद्योग नामत: टी.सी.एस. (टाटा कंसल्टेंसी सर्विस) एवं इन्फोसिस की तुलना में यही विप्रो की सबसे बड़ी ताकत है।

विप्रो कंपनी सन् 2002 में बी.पी.ओ. के (बिजनेस प्रोसेस आउटसोर्सिंग) उद्योग में भी प्रविष्ट हुई।

यह विप्रो के लिए नया कारोबार नहीं था। कंपनी पहले ही इंजीनियरी एवं अनुसंधान उद्योगों में और बाद में सेवाओं के आधार पर सॉफ्टवेयर उद्योग में काम कर रही थी, ने अब अंतरराष्ट्रीय ग्राहकों के लिए कॉल सेंटर में काम करने के साथ-साथ अन्य प्रभागों में सेवाएँ देना भी शुरू कर दिया।

उदाहरण के लिए, हम यह मान लेते हैं कि अमेरिका का कोई एक बैंक अपने ग्राहकों से तालमेल करना चाहता है और उनके लिए अपेक्षित सूचना को टेलीफोन कॉल से देना चाहता है। इसके लिए उसे अनेक व्यक्तियों को नियुक्त करना होगा और उन्हें किए जानेवाले कार्य के लिए भुगतान करना होगा। उन्हें कर्मचारियों की कार्यक्षमता व तीव्रता का भी अनुवीक्षण करना होगा और साथ ही सतर्कता भी बरतनी होगी।

यदि वे इन चीजों पर ध्यान देंगे तो अपने अन्य प्रमुख कार्यों को सक्षम ढंग से करने में सफल नहीं होंगे। इसलिए वे इस कार्य को किसी दूसरी

कंपनी के सुपुर्द करना चाहेंगे। यही आउटसोर्सिंग का मूल सिद्धांत है।

अमेरिका की तुलना में इस प्रकार के कार्य भारत में तेजी से और किफायती तरीके से किए जा सकते हैं। इसलिए भारतीय कंपनियों के लिए आउटसोर्सिंग के क्षेत्र में विस्तृत अवसर हैं।

विप्रो ने सन् 2002 में अपनी 'स्पेक्ट्रा माइंड' नामक बी.पी.ओ. कंपनी में लगभग 25 प्रतिशत निवेश किया। इस उद्योग में वृद्धि की संभावनाओं को महसूस करते हुए विप्रो ने 'स्पेक्ट्रा माइंड' को दूसरे ही वर्ष अपने में मिला लिया। एक नई कंपनी को खरीदने की बजाय अजीम प्रेमजी ने मौजूदा अच्छी कंपनी को खरीदने का निर्णय लिया। इसलिए लागत की परवाह किए बिना उन्होंने 'स्पेक्ट्रा माइंड' कंपनी को लगभग 13.10 करोड़ पौंड में खरीद लिया।

कंपनी का नाम 'विप्रो स्पेक्ट्रा माइंड' रखा गया और इसने विश्व भर में उपलब्ध अवसरों को पकड़ा तथा तेजी से विकास करना आरंभ कर दिया। यह इसके कर्मचारियों की संख्या, आय, लाभ इत्यादि के संबंध में तेजी से विकसित हुई। आज यह भारत की सबसे बड़ी बी.पी.ओ./कॉल सेंटर कंपनी बन चुकी है।

इस प्रकार के अनेक कार्य अमेरिका से भारत और अन्य देशों में आउटसोर्स किए जाते हैं। अमेरिका के श्रम संगठन और राजनीतिज्ञ इस बात से काफी क्रोधित हैं। हाल ही के वर्षों में यह एक बड़ा राजनीतिक मुद्दा बन चुका है।

प्रेमजी कहते हैं कि कुछेक लोगों द्वारा अमेरिका में शुरू किया गया यह विवाद कि 'भारतीय हमारे रोजगार की चोरी कर रहे हैं' एक असंगत तर्क है। उनका कहना है कि जब कारोबार उद्योग में वैश्विक परिवर्तन आते हैं तो इस प्रकार की चीजें अपरिहार्य हो जाती हैं।

एक प्रकार से विप्रो और अन्य भारतीय बी.पी.ओ. कंपनियाँ इन समस्याओं से अप्रत्यक्ष रूप से लाभान्वित हो रही हैं। चूँकि भारत इस

प्रकार के विवादों के लिए अचानक एक निशाना बन चुका है, इसलिए भारतीय कंपनियों द्वारा मुहैया कराई जानेवाली बी.पी.ओ. सेवाओं पर अमेरिका, यूरोप और जापान द्वारा बारीकी से निगरानी रखी जाती है।

अंतरराष्ट्रीय स्तर पर आउटसोर्सिंग उद्योग में माँग हमेशा बढ़ती जा रही है। इसी वजह से विप्रो का बी.पी.ओ. प्रभाग अन्य प्रभागों की अपेक्षा तेजी से वृद्धि कर रहा है।

विप्रो की गतिविधियाँ ग्राहकों के हितों पर केंद्रित रहती हैं। इसे इसकी सबसे बड़ी ताकत भी कहा जा सकता है। विप्रो का विश्वास है कि ग्राहकों की आवश्यकता की प्रतिपूर्ति उसका प्रथम कर्तव्य है। इसे साबित करने के लिए कंपनी बिना अनुरोध किए ही आवश्यकता पड़ने पर स्वेच्छा से अपने ग्राहकों की मदद के लिए आगे आती है।

इसका एक बढ़िया उदाहरण है, गत दिनों जब मूसलधार वर्षा के दौरान मुंबई शहर पानी में डूब गया था। इसी दौरान विप्रो की एक ग्राहक कंपनी भी वर्षा से बुरी तरह प्रभावित हुई थी।

कंपनी अपने कीमती कंप्यूटरों और दूसरी इलेक्ट्रॉनिक वस्तुओं को पानी में डूबने से बचाने को लिए कड़ा संघर्ष कर रही थी। जब इस बात का पता विप्रो को चला तो उसने तुरंत उनसे संपर्क किया और उनकी चीजों को सुरक्षित रखने में उनकी मदद की।

इस प्रकार के कार्य, जिनका कोई लाभ का अभिप्राय नहीं होता, विप्रो की सफलता के लिए रीढ़ की हड्डी हैं। प्रेमजी मानते हैं कि उनकी महत्त्वपूर्ण ड्यूटी, चुनौती और चिंता यह है कि वे विप्रो के प्रत्येक कर्मचारी के दिमाग में इस निस्स्वार्थ भावना को भर दें।

अजीम प्रेमजी की उम्र 67 वर्ष से अधिक हो चुकी है, पर उन्होंने खुले रूप से अपनी सेवानिवृत्ति की घोषणा नहीं की है। उन्होंने विप्रो में अपने उत्तराधिकारी की घोषणा भी नहीं की है।

परंतु वे वही गलती नहीं दोहराना चाहते हैं, जो उनके पिता ने आज

से 40 वर्ष पहले की थी। ''विप्रो के नए अध्यक्ष को नामांकित कर दिया गया है। प्रक्रिया चल रही है। परंतु यह विप्रो का आंतरिक मामला है। इसे बाहरी लोगों के पास खुले रूप से घोषित करने की कोई आवश्यकता नहीं है।'' प्रेमजी कहते हैं।

इस बारे में उनमें से अनेक लोगों को यह प्रश्न घर कर रहा है, वे पूछना चाहते हैं, ''क्या उनके बेटों में से कोई एक आगामी अध्यक्ष की जिम्मेदारी सँभालने जा रहा है?''

इस समय अजीम प्रेमजी के बेटे या उनके कोई निकट संबंधी विप्रो में काम नहीं कर रहे हैं। वे निदेशकों के समूह में भी नहीं हैं। परंतु पिछले कुछेक वर्षों से यह अफवाह उड़ रही है कि अगला अध्यक्ष उत्तराधिकार के आधार पर ही चुना जाएगा।

प्रेमजी का कहना है कि विप्रो का अध्यक्ष वह व्यक्ति होगा, जो प्रत्येक दृष्टि से योग्य हो। यद्यपि वे यह नहीं कहते हैं कि उनके बेटों में ये योग्यताएँ हैं या नहीं। परंतु उन्होंने स्पष्ट रूप से कह दिया है कि उनका बेटा होना ही कंपनी का अध्यक्ष बनने के लिए एक मानदंड या योग्यता नहीं है।

दूसरी तरफ, प्रश्न यह भी है कि अजीम प्रेमजी, जो विप्रो के वर्तमान अध्यक्ष हैं, अपने उत्तरदायित्व से कब सेवानिवृत्त होंगे?

हालाँकि विप्रो एक सार्वजनिक क्षेत्र की कंपनी भले ही है, लेकिन इसके निदेशकों के लिए सेवानिवृत्ति की निर्धारित आयु सीमा नहीं रखी गई है। इसलिए प्रेमजी, जो विप्रो के प्रमुख शेयरधारक हैं, जब तक चाहें, अपने पद पर बने रह सकते हैं।

अजीम प्रेमजी के पीछे ऐसी कौन सी बाध्यता है, जिससे वे 67 वर्ष की उम्र में भी विप्रो के अध्यक्ष के तौर पर सक्रिय रूप से कार्य कर रहे हैं?

प्रेमजी कहते हैं, ''बची हुई जिम्मेदारियाँ और नई चुनौतियाँ ही उनकी बाध्यताएँ हैं।''

वे नई चुनौतियाँ, जिनका वे मुकाबला कर रहे हैं, क्या हैं ?

बहुराष्ट्रीय कंपनियाँ सॉफ्टवेयर सेवाओं में व्यापार कर रही विप्रो एवं अन्य भारतीय कंपनियों की उस पूर्ण रणनीति के बारे में जान चुकी हैं, जो उनकी सफलता के भेद थे। आई.बी.एम. एवं एक्सेंचर जैसी बड़ी कंपनियों ने भारत में सॉफ्टवेयर सेवाएँ देनी शुरू कर दी हैं और वे विप्रो के लिए बड़ी चुनौती खड़ी कर रही हैं।

इसी तरह चीन एवं अन्य देशों ने भी बी.पी.ओ. एवं अन्य सेवा प्रभागों में तेजी से कार्य करना शुरू कर दिया है, जिससे वे भारत के लिए एक बड़ी प्रतिस्पर्धा पैदा कर रहे हैं। जैसाकि स्वयं प्रेमजी कहते हैं, ''कोई भी देश, जिसके पास इंजीनियरी का विस्तृत ज्ञान एवं क्षमता हो, अंग्रेजी का ज्ञान हो और जो उचित रूप से कानूनी प्रक्रियाओं का पालन करता है, भारत का प्रतिस्पर्धी बन सकता है।''

परंतु सभी चुनौतियों की जड़ विप्रो की आंतरिक संरचना के अंतर्गत ही विद्यमान है। कंपनी, जो सर्वप्रथम दस स्थानों को हासिल करने के लिए बड़ी तेजी से वृद्धि कर रही है, को इस तीव्र वृद्धि को बड़ी सावधानी और विशेषज्ञता के साथ सँभालना होगा। कारण यह है कि तेज चाल की वजह से हमेशा दुर्घटना का खतरा बना रहता है।

''इन्हीं वजहों से मुझे एक मिनट की भी फुरसत नहीं मिल पाती।'' प्रेमजी कहते हैं।

□

परिशिष्ट-1

विप्रो : टुडे

नाम : विप्रो

प्रकार : पब्लिक लिमिटेड कंपनी (एन.वाई.एस.ई. मार्केट कोड—विट)

मुख्यालय : बंगलौर, भारत

वेबसाइट : http://www.wipro.com/

संस्थापक : एम.एच. प्रेमजी

वर्तमान अध्यक्ष : अजीम प्रेमजी

महत्त्वपूर्ण संबद्ध कंपनियाँ

- विप्रो इन्फोटेक
- विप्रो बी.पी.ओ. सॉल्यूशन
- विप्रो ई पेरीकरल्स लिमिटेड (WEP)
- विप्रो कंप्यूटर केयर एंड लाइटिंग
- विप्रो इन्फ्रास्ट्रक्चर इंजीनियरिंग
- विप्रो जी.ई. मेडिकल सिस्टम्स लिमिटेड
- विप्रो बायोमेड
- विप्रो फ्लूड पॉवडर लिमिटेड

विप्रो/अजीम प्रेमजी—इतिवृत्त

1945 : मोहम्मद हुसैन हशम प्रेमजी (एम.एच. प्रेमजी) द्वारा 'वेस्टर्न इंडिया वेजीटेबल प्रोडक्ट्स लिमिटेड' (दिसंबर 29) आरंभ की गई। कारखाना वनस्पति/खाद्य तेल बनाने के लिए अमलनेर, महाराष्ट्र में आरंभ किया गया था। एम.एच. प्रेमजी के पुत्र अजीम प्रेमजी विप्रो के वर्तमान अध्यक्ष का जन्म (24 जुलाई)।

1946 : विप्रो 17,000 शेयरों को 100/- प्रति शेयर की दर के साथ जारी करने के साथ ही पब्लिक लिमिटेड कंपनी बन गई।

1966 : एम.एच. प्रेमजी का निधन (अगस्त 11)। अजीम प्रेमजी नए अध्यक्ष।

1975 : 'विप्रो फ्लूड पॉवर' आरंभ। यहाँ द्रवचालित एवं वातिल मशीनें, जो तरल एवं गैस शक्ति से चलती हैं, का निर्माण किया जाता है।

1977 : कंपनी का नामकरण 'विप्रो प्रोडक्ट्स लिमिटेड' किया गया।

1979 : विप्रो का कंप्यूटर्स/सूचना प्रौद्योगिकी के क्षेत्र में प्रवेश। विप्रो के कंप्यूटरों के लिए अनुसंधान आरंभ।

1981 : विप्रो का पहला (मिनी) कंप्यूटर जारी किया गया।

1982 : कंपनी का पुनर्नामकरण 'विप्रो लिमिटेड' किया गया।

1983 : दो नई कंपनियों का नाम—'विप्रो इन्फोटेक लिमिटेड' और 'विप्रो सिस्टम्स' का गठन। ये दोनों कंपनियाँ विप्रो हार्डवेयर और सॉफ्टवेयर संबंधी कार्यों की देखभाल करती हैं।

1984 : विप्रो ने सॉफ्टवेयर उत्पाद 'वर्ड प्रोसेसर' और 'स्प्रेड शीट' जारी किए।

1985 : विप्रो के नहाने के साबुन का उत्पादन आरंभ।

1988 : 'विप्रो बायोमेड' का आरंभ। यह प्रभाग जीव-विज्ञान एवं

चिकित्सा संबंधी उपस्करों के निर्माण से संबंधित है।

1989 : विप्रो और जनरल इलेक्ट्रिक कंपनी द्वारा 'विप्रो जी.ई. मेडिकल सिस्टम लिमिटेड' का गठन, जहाँ चिकित्सा उपस्करों का निर्माण होता है।

1990 : विप्रो पूर्णतया अपने सॉफ्टवेयर सेवा प्रभाग पर ध्यान देना शुरू करती है।

1992 : बिजली के बल्बों का उत्पादन आरंभ। 'विप्रो फाइनेंस लिमिटेड' का आरंभ।

1994 : 'विप्रो प्रौद्योगिकी' और 'विप्रो सिस्टम' को आपस में मिलाकर एक कंपनी 'विप्रो लिमिटेड' का गठन।

1995 : विप्रो को 'आई.एस.ओ.-9000' प्रमाण-पत्र मिला।

1996 : विप्रो का मुख्यालय मुंबई से बंगलौर स्थानांतरित।

1998 : विप्रो का नया प्रतीक ('लोगो')—'रेनबो फ्लावर' और इसका नारा—'विचार अनुप्रयोग' जारी।

1999 : विप्रो को मूल्यवान् एस.ई.आई. (सॉफ्टवेयर इंजीनियरिंग इंस्टीट्यूट) मानक प्रमाण प्रदत्त है। (सी.एम.एम. स्तर 5) 'विप्रो आई.एस.पी.' कंपनी जो इंटरनेट सेवाएँ उपलब्ध कराती है, आरंभ।

विवेक पाल द्वारा विप्रो प्रौद्योगिकी के नए एम.डी. का पदभार ग्रहण।

2000 : विप्रो को 'न्यूयॉर्क शेयर बाजार' (NYSE) में शामिल किया गया।

2001 : 'पी.सी.एम.एम. स्तर 5' मानक प्रमाण-पत्र प्राप्त करनेवाली विप्रो विश्व की पहली कंपनी बनी।

2002 : 'स्पेक्ट्रा माइंड' कंपनी में निवेश करने के बाद विप्रो का बी.पी.ओ./कॉल सेंटर उद्योग में प्रवेश।

2003 : विप्रो द्वारा ए.एम.एस. एवं नर्न वायर कंपनियों को सह उद्यम में शामिल करना।

2004 : विप्रो का बाजार मूल्य 1 अरब डॉलर तक पहुँचा।

2005 : 'एम. पॉवर' और 'न्यू लॉजिक' कंपनियाँ विप्रो के साथ शामिल। विप्रो का बाजार मूल्य बढ़कर 2 अरब डॉलर पहुँचा।

2006 : सी मैंगो, क्वैंटेक ऑटोमोटिव, इनेब्लर, सारावेयर और डब्ल्यू.एम. नेट सर्वर कंपनियों का विप्रो के साथ विलय।

पुरस्कार एवं सम्मान

अजीम प्रेमजी, जिन्हें व्यावसायिक जीवन में अनेक पुरस्कार, सम्मान और उपाधियाँ प्राप्त हुईं, का श्रेय विप्रो के कर्मचारियों को देते हैं। जब कभी उन्हें कोई पुरस्कार या उपाधि मिलती है तो वे जोर देते हुए कहते हैं कि वह पुरस्कार विप्रो के लिए काम करनेवाले प्रत्येक योग्य व्यक्ति का प्रयास है।

विप्रो के 'महा ग्रोथ' अवधि के दौरान साप्ताहिक पत्रिका 'इंडिया टुडे' ने प्रेमजी का साक्षात्कार लिया। उसने उनका चित्र पत्रिका के आवरण पृष्ठ पर छापना चाहा। परंतु प्रेमजी ने इसे स्वीकार नहीं किया। उन्होंने जोर देते हुए कहा कि विप्रो वह कंपनी नहीं है, जो केवल उनके ही प्रयासों से विकसित हुई है। पत्रिका के पास विप्रो के पूरे प्रबंधन दल का चित्र छापने के अलावा दूसरा कोई चारा नहीं था।

महत्त्वपूर्ण पुरस्कार

- बिजनेस इंडिया—वर्ष का बिजनेसमैन (2000)।
- एशिया वीक—पॉवर 50 (2000)।
- विश्वेश्वरैया प्रौद्योगिकी विश्वविद्यालय—सर एम. विश्वेश्वरैया

स्मरण पुरस्कार (2000)।

- आई.एम.सी. (इंडियन मर्चेंट चेंबर)—वर्ष (2001) का श्रेष्ठ बिजनेस मैन।
- फॉर्च्यून—अमेरिका के बाहर सबसे प्रभावशाली बिजनेस लीडर (2003)।
- फोर्ब्स—विश्व के दस लोग, जिनके पास 'परिवर्तन लाने की शक्ति' सबसे अधिक है (2003)।
- दि इकोनॉमिक टाइम्स—वर्ष का बिजनेस लीडर (2004)।
- फाइनेंशियल टाइम्स—25 अरबपतियों की सूची, जिन्होंने महत्त्वपूर्ण और चिरस्थायी सामाजिक, राजनीतिक या सांस्कृतिक परिवर्तन लाने के लिए अत्यधिक प्रयास किए (2004)।
- टाइम—विश्व के सबसे अधिक 100 प्रभावशाली व्यक्ति (2004)।
- XLRI (जेवियर लेबर रिलेशन इंस्टीट्यूट)—औद्योगिक एवं सामाजिक शांति (2005) के लिए सर जहाँगीर घंडी मेडल।
- IEE (इंस्टीट्यूट ऑफ इलेक्ट्रिक इंजीनियर्स)—फैराडे मेडल प्राप्त करनेवाले प्रथम भारतीय।
- पद्मभूषण (2005)।

सम्मानजनक डॉक्टरेट डिग्रियाँ

- इंडियन इंस्टीट्यूट ऑफ टेक्नोलॉजी, रुड़की।
- द मणिपाल अकादमी ऑफ हायर एजुकेशन।
- सूचना प्रौद्योगिकी में प्रधानमंत्री की सलाहकार समिति के सदस्य।

□

परिशिष्ट-2

संदर्भ ग्रंथ

- बंगलौर टाइगर—स्टीव हम—टाटा मैकग्राहिल—सन् 2006
- जैक, स्ट्रेट फ्रॉम द गट—जैक वैल्च, जॉन ए. बाइयन—वार्नर बिजनेस बुक्स—2001

सम्मिलित कहानियाँ

- द रुपीज 14,000 करोड़ मैन—अर्चना राय—आउटलुक—1999
- द आई.टी. गाइज—जोनाथन कॉर्प—द वॉल स्ट्रीट जर्नल—1999
- ए टेल ऑफ टू मेगा बक्सटर्स—आउटलुक—2000
- द वर्ल्ड रिचेस्ट इंडियन—रोहित सरन—इंडिया टुडे—2000
- एंड हिज वेल्थ मशीन—वी. शंकर अय्यर—इंडिया टुडे—2000
- विप्रोज राइज स्पॉन्स मिलियनेयर्स—बिजनेस एशिया—2000
- 'स्मॉल टॉल' विथ अजीम प्रेमजी—स्टीफन डेविड—indiatoday.com-2000
- हाउ टू इन्वेस्ट—बी.आर. श्रीकांत—आउटलुक—2000
- द सिल्वर लाइनिंग—अजीम प्रेमजी—इंडिया टुडे—2001
- विप्रो प्राइज्ड टु टेक ऑन द बिग फाइव—पंकज मिश्रा—एक्सप्रेस कंप्यूटर—2002
- इंडियाज टेक किंग—मंजीत कृपलानी, ब्रूस आइन हॉर्न—बिजनेस वीक—2003

- डिफाइलिंग डाक्यूमेंट्स—अजीम प्रेमजी—डाटा क्वेस्ट—2003
- बोर्डरूम डिस्पैचेज—रेनी कारायोल—silicon.com-2003
- दि यूनाइटेड कलर्स ऑफ इंटरप्रीन्योरशिप—वेंकटेश बाबू—बिजनेस टुडे—2003
- व्हेन अजीम प्रेम प्लेड ट्रॉट—इकोनॉमिक टाइम्स—2003
- द रियल मिस्टर प्रेमजी—पी. हरी—बिजनेस वर्ल्ड—2004
- अजीम प्रेमजी—अरविंद अडिग—टाइम—2004
- अजीम प्रेमजी, ज लेसंस इन लाइफ—domain-b.com2004
- रिफ्लेक्शंस ऑन प्रेमजी, हिज लेसंस इन लाइफ—विजय सरूप—domain-b.com 2004
- सोप्स टु सॉफ्टवेयर—ए बबल दैट लास्ट्स—टाइम्स न्यूज नेटवर्क—इकोनॉमिक टाइम्स—2004
- व्हाट्स बिहाइंड विप्रो, द 'फ्लावर' लोगो—शोंबिल सेन एवं रीनी झाला—rediff.com-2005
- ज्वेल इन द क्राउड—रंदीप रमेश—द गार्जियन—2005
- सोप टु सॉफ्टवेयर—अबरबीज ट्रेंड—2005
- सिनसिनाटी, द रोल इन इंडिया, द टेक मिरैकल—लीलैंड एम. कोल—द इन्क्वायर—2005
- विप्रो—लीडरशिप इन द मिडस्ट ऑफ रैपिड ग्रोथ—नॉलेज @ व्हार्टन—2005
- फ्लोचार्ट फॉर टुमॉरो—अजीम प्रेमजी—आउटलुक—2005
- ए टाउन दैट विप्रो मेड—कुशन मित्रा—बिजनेस टुडे—2006
- द वर्ल्ड अकॉर्डिंग टु अजीम प्रेमजी—जोल मकोर्मिक—स्टैनफोर्ड मैगजीन—2006
- अजीम प्रेमजी—फ्रॉम सोप्स टु आई.टी.—तन्मय मित्रा—domain-b.com
- कॉर्पोरेट इंटरप्रिन्योरशिप : हाउ ?—के. रामचंद्रन, टी.पी. देवराजन, सौगत राय—इंडियन स्कूल ऑफ बिजनेस

- सत्यम राजू होल्ड्स फोर्थ—स्टीव हम—Business week.com-2006
- हेल्पिंग विप्रो इन टु द वर्ल्ड ऑफ कंप्यूटर्स—लीलैंड एम. कोल मेमोरीज (अद्यतन दिसंबर 2006) अप्रकाशित

साक्षात्कार

- प्रेमजी के साथ—जकी अंसारी—रेडिफ ऑन द नेट—1998
- प्रेमजी के साथ—रोहित सरन—इंडिया टुडे—2000
- प्रेमजी के साथ—Just pepole.com-2000
- सुरेश के. सेनापति के साथ—अभ्रजीत गंगोपाध्याय—द हिंदूज बिजनेसलाइन—2002
- अजीम प्रेमजी के साथ—मंजीत कृपलानी—बिजनेस वीक—2003
- अजीम प्रेमजी के साथ—शेखर गुप्ता—Expressindia.com-2004
- विवेक पाल के साथ—राजीव दुबे—द फाइनेंशियल एक्सप्रेस—2005
- अजीम प्रेमजी के साथ—जॉसन निजी—दि इंडिपेंडेंट ऑन सनडे—2005
- विवेक पाल के साथ—शैली सिंह— reditt.com-2005
- विवेक पाल के साथ—जूलिया बूर्स्टिन—फॉर्च्यून—2005
- अजीम प्रेमजी और प्रतीक कुमार के साथ—रवी आरोन—नॉलेज @ व्हार्टन—2006
- अजीम प्रेमजी के साथ—स्टीव रेंजर—silicon.com-2006
- स्टीव हम के साथ—कमला भट्ट—पॉड टेक—2006
- अजीम प्रेमजी के साथ—द न्यूयॉर्क टाइम्स—2006

अन्य

- चार्ली रोज इंटरव्यूज—प्रसंग 5—2006
- बंगलौर टाइगर्स ब्लॉग—स्टीव हम—Business.com-2006.

□

परिशिष्ट–3

अजीम प्रेमजी के उद्धरण

- एक सलाहकार के रूप में तो मैं जो चाहता हूँ, कह सकता हूँ। अगर मैं राजनेता होता तो मुझे लगातार समझौते करने पड़ते और यह काम मेरे बस का नहीं।
- जब आप बड़े होते जाते हैं तो आपको बाँटना सीखना पड़ता है। यह अपने कर्मचारियों को कंपनी के संचालन में शामिल करने का उत्कृष्ट तरीका भी है।
- बायोकॉन के इंसुलिन और इंसुलिन के समरूप जैव प्रतिरूपों के व्यवसायीकरण के लिए बायोकॉन और फाइजर ने अपने गठबंधन को खत्म करने की घोषणा की है। दोनों कंपनियाँ इस बात पर सहमत हुई हैं कि अपने–अपने जैव प्रतिरूप व्यवसायों की निजी प्राथमिकताओं के कारण उनके लिए अलग–अलग होना ही सर्वश्रेष्ठ उपाय है।
- ओ.एन.जी.सी. और विप्रो दोनों विश्वसनीय कंपनियाँ हैं। अगर उन्हें अपने शेयरों की नीलामी में उत्साहवर्धक प्रतिक्रिया नहीं मिली तो यह निजी क्षेत्र की अन्य कंपनियों के प्रमोटरों के सचेत हो जाने का समय है।
- ओ.एन.जी.सी. और विप्रो ने बंद नीलामी प्रक्रिया अपनाई, जिसमें निवेशकों को यह पता नहीं चल रहा था कि अन्य लोग क्या बोली लगा रहे हैं। उन्हें लग रहा था कि वे अँधेरे में निशाना लगा रहे हैं।

- चरित्र ऐसा कारक है, जो हमारे कार्यों और निर्णयों को निर्देशित करता है। हमने बिना समझौता किए ईमानदारी का रास्ता अपनाया है, जिसने हमें सर्वाधिक कठिन परिस्थितियों में कड़े फैसले लेने में सहायता की है।
- शक्तिशाली विचार दृष्टि से जुड़े मूल्य हमारे अंदर नई ऊँचाइयाँ छूने के लिए ऊर्जा भर सकते हैं और हमें अपनी बड़ी-से-बड़ी आकांक्षाओं से भी आगे सफलता दिला सकते हैं।
- कंपनी अपने इन शेयरों की नीलामी पसंद करेगी, लेकिन उसके लिए निश्चित प्रक्रियाएँ हैं, जिनका पालन करना होगा।
- वर्तमान सप्ताह की क्रमवार घटनाओं पर विचार करके हम ऊँचाई पर बने रहने की अपेक्षा कर सकते हैं। मध्यकाल के लिए घटनाओं का परिणाम प्रमुख संचालन कारक होगा। वर्तमान सप्ताह में निफ्टी के लिए ऊँचाई पर 5,491 का आँकड़ा प्रतिरोध बिंदु प्रतीत होता है।
- 'डाभोल एल.एन.जी. टर्मिनल' को अप्रैल के प्रथम सप्ताह में स्थानीय द्रवीकृत प्राकृतिक गैस का पहला जहाज प्रदान कर दिया जाएगा, जो कि 27 मार्च को महाराष्ट्र बंदरगाह पर पहुँच जाएगा।
- दशकों से हम किसी ऐसे व्यक्ति का इंतजार कर रहे हैं, जो अर्थव्यवस्था को सशक्त करने में हमारी सहायता करे।
- जापान हमारे लिए काफी ऊँची प्राथमिकता है। हमें चीन में कई तरह की चुनौतियाँ मिलती हैं—लोगों की स्थिरता, बौद्धिक संपदा, अनिश्चित नकदी प्रवाह। वे लोग परिश्रमी हैं, लेकिन वहाँ लोकतंत्र नहीं है। जब वे लोग लोकतंत्र के संक्रमणकाल में होंगे, तब वहाँ भारी चुनौतियाँ पेश आएँगी।
- मुझे लगता है कि अब वे लोग मिलकर कार्य कर रहे हैं। बुनियादी रूप से जी.एम. बहुत मजबूत कंपनी है। मुझे लगता है कि वह लोगों की अपेक्षा से भी अधिक तीव्रता से आगे बढ़ जाएगी।

- फाउंडेशन की वर्तमान वृद्धि का सहयोग करने के क्रम में 'अजीम प्रेमजी ट्रस्ट' ने स्टॉक एक्सचेंजों को सूचित किया है कि वह विप्रो के अपने 35 मिलियन शेयर बेचने जा रहे हैं।
- यह आवश्यक है कि हमारे स्कूल और शैक्षणिक संस्थान ऐसा माहौल तैयार करें, जिसमें आवश्यक बौद्धिक, शारीरिक, सामाजिक और नैतिक गुण विकसित, पुष्पित और पल्लवित हो सकें। स्कूल ऐसे स्थान माने जाने चाहिए, जिनमें बच्चे और देश के भविष्य को सँवारने की क्षमता हो।
- यह अब कोई मुद्दा नहीं है कि हमें चीन या भारत बनाम चीन पर ध्यान देना चाहिए या नहीं, बल्कि अब तो भारत और चीन पर ध्यान देने की आवश्यकता है।
- यह सदमे की बात है कि विप्रो जैसी कंपनी 30 करोड़ डॉलर का ऑर्डर पूरा नहीं कर सकी। इसमें निवेशकों की भूख का दोष नहीं है। इसमें प्रक्रिया का दोष अधिक है।
- हमें बेहतर लोग पाने के लिए शिक्षकों के वेतन में सुधार करना चाहिए।
- हमें स्कूली व्यवस्था का निजीकरण कर देना चाहिए।
- शिक्षण, शिक्षकों की हाजिरी की समस्या, रोचक शिक्षण सामग्री वितरण आदि के लिए हमें प्रौद्योगिकी का इस्तेमाल करना चाहिए।
- मेरी कंपनी योग्यता के आधार पर लोगों की भरती करने में विश्वास करती है।
- स्टॉक सेल में असफलता का एक कारण इसकी प्रक्रिया भी हो सकती है, जो निवेशकों को लुभा नहीं पाई। इसके अलावा विप्रो लो-वॉल्यूम काउंटर है और 35 मिलियन शेयर बेचने की माँग पूरी करने के लिए शायद अधिक सीधी छूट दी जानी चाहिए थी।
- महत्त्वपूर्ण बात है कि हमारे द्वारा एकत्र आँकड़े हमें फीडबैक मैकेनिज्म और जलवायु परिवर्तन से आर्कटिक में हो रहे बदलावों की भविष्य की योजनाएँ तय करने में मदद मिलती है, जो हम पर असर डालती हैं,

भले ही हम आर्कटिक के पास रहते हों या मियामी जैसी दूर की जगह पर रहते हों।

- डिवीडेंड का भुगतान पिछले वर्षों की तुलना में अधिक उदार होगा और मोटे तौर पर उसी के अनुरूप होगा, जो हमने पिछली तिमाही में निवेशकों से कहा था।
- नीलामी प्रक्रिया के समय को बढ़ाया जाएगा और निविदाएँ रात भर स्वीकार की जाएँगी, ताकि कई विदेशी भागीदार भी हिस्सा ले सकें।
- अंतरराष्ट्रीय आई.टी. व्यवसाय अपनी गति को कायम रखते हुए दो अंकों की विकास दर बनाए है, जिससे तिमाही में हमारे 42.2 करोड़ डॉलर के लक्ष्य की तुलना में 43.7 करोड़ डॉलर का राजस्व प्राप्त हुआ।
- किसी को दिया जानेवाला सबसे महान् उपहार शिक्षा का उपहार है।
- उन्होंने जो सबसे महान् विरासत मुझे सौंपी, वह मूल्यों की विरासत थी। मैं आज जो भी हूँ, वह उसी की वजह से बन पाया हूँ।
- प्रमोटर वर्तमान बाजार दर पर शेयर बेचने की कोशिश कर रहे हैं, लेकिन लोग इच्छुक नहीं हैं।
- 1.78 करोड़ शेयरों की बिक्री से 'अजीम प्रेमजी ट्रस्ट' को आज की दैनिक कारोबारी सीमा के आस-पास की कीमत पर करीब 750 करोड़ रुपए की नकदी अर्जित हुई, जिससे हमारे दोहरे उद्‌देश्य पूरे हुए।
- अगले कुछ वर्षों के लिए हमारी योजना के हिस्से के रूप में हमारी प्रस्तावित योजनाएँ हमें इस विकास की ओर ले जाएँगी।
- आँकड़ों के हिसाब से चलें तो शेयरों की तुलना में कम खरीदार मिलना समझ में आता है।
- इस योजना के द्वारा हम पहली बार आर्कटिक सागर में बड़े पैमाने पर समन्वित प्रयोग आयोजित कर रहे हैं, जिससे हमें क्षेत्र में वैश्विक जलवायु परिवर्तन को बेहतर तरीके से समझने का मौका मिलेगा। अब हमारे पास आर्कटिक में ही जैव-भू-रासायनिक प्रक्रियाओं की जाँच के लिए

साधन और आवश्यक पहुँच उपलब्ध है, जो हमें भविष्य की परिवर्तनशील परिस्थितियों के लिए बेसलाइन तैयार करने में सहायता करेंगे। हमारा मानना है कि संचालन में उत्कृष्टता तथा अपनी रणनीति के मजबूती से कार्यान्वयन का साल हमारे विजन को हासिल करने के लिए महत्त्वपूर्ण है। साथ ही साथ हमें भविष्य का भी ध्यान रखना है।

- हम अंतरराष्ट्रीय कंपनियों से प्रतिस्पर्धा करते हैं और प्राथमिक दृष्टि से सेवा क्षेत्र में हैं, जो लोगों पर बहुत अधिक निर्भर है।
- हम आवश्यकता के आधार पर भरती करते हैं, न कि प्रतिभागिता के आधार पर।
- हमें अपने भूमि कानून, कर तथा सूचना प्रणाली में सुधार करना होगा। भारत की 90 प्रतिशत जमीन का स्वामित्व कानून की दृष्टि से विवादास्पद है।
- हमें स्कूलों को कारखाने मानना बंद करना होगा, जहाँ बच्चे पाठ रटते रहते हैं।
- हमें परिणामोन्मुखी रवैया अपनाना चाहिए। हर नीति का विशिष्ट उद्देश्य तथा दिशा होनी चाहिए और इसके परिणामों का आकलन इसके प्रभाव के संदर्भ में किया जाना चाहिए। देश की प्रगति के लिए विभिन्न कक्षाओं में गतिशीलता होनी चाहिए और 'शिक्षा के अधिकार' कानून का कड़ाई से पालन किया जाना चाहिए।
- शेयरों की नीलामी के बारे में हम ब्योरे के अध्ययन तथा प्रक्रिया पूरी होने के बाद ही कुछ कह सकेंगे।
- निवेशकों तथा बैंकरों को हम उनके सहयोग एवं भागीदारी और नई ओ.एफ.एस. प्रक्रिया से अपरिचित होने के कारण सामने आई चुनौतियों से उबारने के लिए धन्यवाद देते हैं।
- विप्रो वर्तमान माहौल में बहुत लोकप्रिय स्टॉक नहीं है।

□□□